29

L'ÉTAT

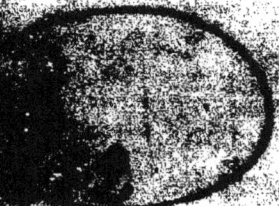

OUVRAGES D'ALBERT REGNARD

Essais d'Histoire et de Critique scientifique, 1 vol. in-8, Paris, 1865.

Nouvelles Recherches sur la Congestion Cérébrale, in-8, Paris, 1868.

Histoire de l'Angleterre contemporaine, 1 vol. in-32 ; Alcan 1882.

Études de Politique Scientifique :

Les Principes de la Révolution et du Socialisme, brochure in-18. Londres 1875.

La Révolution sociale, brochure in-18. Londres 1876.

L'Athéisme, in-18. Londres 1878.

Force et Matière, par le Professeur L. Büchner, 15e édition allemande, entièrement refondue et augmentée de cinq nouveaux chapitres, traduite par A. Regnard. 1 vol. in-8. XLVI-540 pages. Paris, Reinwald, 1884.

L'ÉTAT

PAR

A. REGNARD

Le bien de l'État, c'est la justice,
c'est-à-dire l'Intérêt général.
Aristote.

PARIS

DERVEAUX, LIBRAIRE-ÉDITEUR

32, RUE D'ANGOULÊME, 32

AN 93-1885

A LA MÉMOIRE
DE MA FILLE CHÉRIE
Marguerite Regnard,
morte a 17 ans
LE 29 VENDÉMIAIRE AN 93

Table des Matières

L'ÉTAT

Ses origines, sa nature et son but[1]

> Le bien de l'État, c'est la justice, c'est-à-dire l'intérêt général. — Aristote.

J'appelle « Politique scientifique » la science qui traite de la société considérée dans son développement, dans son organisation et dans ses lois. On l'a désignée aussi sous les noms de *Science politique* (Aristote), de *Sociologie* et de *Politique positive* (Auguste Comte), on en étudie des fragments sous les titres divers de : *Philosophie de l'Histoire*, *Morale*, *Science sociale*, *Socialisme*, *Ethnographie*, *Histoire des Religions* etc.

Aristote, ce génie incomparable, fut le premier à l'envisager comme une science distincte, dans ce traité où se trouvent inscrits et développés presque

---

(1) Je reproduis ici avec les modifications et les développements nécessités par la nature spéciale de l'enseignement fait, dans conférences faites à la bibliothèque du XIV⁰ arrondissement, sur la demande de M. Demmarche, président du syndicat des bibliothèques populaires de Paris.

tous les grands principes dont les modernes, et même les contemporains, s'attribuent généralement la découverte : traité qui restera comme un monument impérissable de la grandeur humaine, et tel qu'il ne sera probablement jamais surpassé. C'est à la suite d'une étude approfondie de ce livre merveilleux, que je me déterminai, il y a déjà longtemps, à restituer à cette science le titre sous lequel elle a été décrite par son immortel fondateur.[1]

En 1875, je publiais à Londres une première brochure (les Principes de la Révolution), dans laquelle j'exposais le plan d'un travail considérable, devant embrasser tous les éléments de la Politique scientifique. Cette date était importante à préciser, car c'est en 1876 que le comité de Belleville, résumant les aspirations et les doctrines de l'homme d'État illustre dont la gloire a rejailli si longtemps sur cette circonscription, indiquait la Politique scientifique, comme la base et le principe de toutes les réformes et de tous les progrès réalisables. — Cela soit dit, non pour établir une vaine priorité, en comparant les petites choses aux grandes, mais pour montrer comment des hommes de bonne foi, cherchant chacun de leur côté, les uns sur le terrain de la pratique, les autres sur celui de la théorie,

---

[1] Il fallait, de toute nécessité, ajouter l'épithète « scientifique », pour distinguer la science dans son ensemble, de la « politique » ou art du gouvernement, au sens ordinaire du mot, et qui n'en est qu'un cas particulier. Voir pour plus de détail, mes diverses brochures publiées à Londres, sous le titre général de « Études de Politique scientifique ».

arrivaient à des conclusions et à des formules identiques ; cependant qu'un tas d'autres, soi-disant radicaux et révolutionnaires, mais infidèles, en réalité, à la Science et à la Révolution, accomodaient au goût du jour leurs opinions et leurs principes.

Ajoutons immédiatement que l'expression de « Politique scientifique » telle qu'on la trouve parfois employée dans la presse contemporaine, s'applique plutôt à la science et à la pratique du gouvernement, tandis que j'embrasse sous ce titre, non seulement ce cas particulier, mais encore l'ensemble des branches diverses, les soi-disant sciences sociales, morales et politiques, ainsi coordonnées d'une façon définitive. Ce n'est pas le lieu d'énumérer tous ces éléments, qui s'unissent dans une harmonie d'autant plus merveilleuse qu'elle est plus complexe, pour constituer en dernière analyse, la science maîtresse ayant pour but le bonheur des hommes réunis en société. Mais il importe en raison des discussions soulevées, de déterminer dès maintenant la place de la Morale par rapport à la Politique.

Je citerai ici quelques pages inedites de mon travail sur la Politique et la Morale d'Aristote.

« Un fait se dégage des premières lignes de l'Éthique, fait contre lequel ne sauraient prévaloir les plus subtiles arguties, — je veux dire : la subordination de la Morale à la Politique. S'efforçant de découvrir en quoi consiste le bien suprême pour l'homme, Aristote se demande à quelle branche

des sciences appartient ce genre de recherches. « Il
» paraît tout d'abord évident, ajoute-t-il, que c'est
» à la science maîtresse et à la plus fondamentale
» de toutes; or, celle-ci est la science politique.
» Car elle détermine la nature des connaissances
» indispensables dans les Etats, celles que les cito-
» yens doivent posséder, et dans quelle mesure....
» C'est elle qui met en jeu toutes les autres ap-
» plications pratiques des sciences, qui établit en
» loi ce qu'il faut faire et ce dont il faut s'abstenir.
» Son but résume les buts divers de toutes nos
» connaissances ; il se confond avec le bien suprê-
» me, avec le bonheur de l'homme. Mais, tout en
» admettant que le souverain bien est de même
» nature pour l'individu et pour l'Etat, il faut
» pourtant reconnaître qu'il y a quelque chose de
» plus noble et de plus complet dans la recherche
» et la préservation du bien de l'Etat. Certes, il ne
» faut pas dédaigner le bien de l'individu : mais
» combien plus grand et plus sublime celui qui
» concerne les peuples et les Etats ! Le présent
» traité (la Morale), qui s'occupe de ces questions,
» appartient donc à la science politique. »(1)

(1) *Morale à Nicomaque* I. 1. Il est infiniment regrettable
que la seule traduction à peu près complète que nous ayons
de l'œuvre immense du philosophe de Stagire soit due à
la plume d'un éminent académicien, spiritualiste et, partant,
rétrograde, incapable, à ce double titre, de rien comprendre
à l'original. L'aversion de M. Barthélemy St-Hilaire pour
Aristote, aversion si clairement manifestée dans la plupart
de ses préfaces, aurait dû le détourner d'une pareille entreprise, ce qui lui aurait épargné le désagrément de réaliser
dans toute sa force le dicton connu, *traduttore, traditore*.

J'ai tenu à citer en entier ce passage qui me paraît l'expression absolue de la vérité. Il est gros de conséquences, surtout si on le complète par l'admirable définition du souverain bien de l'Etat, donnée ensuite par le philosophe : — « Le bien en politique, c'est la justice, c'est-à-dire l'intérêt général. » (Polit. III. 7). Il suit de là, en effet :

1° Que la Morale, comme science, se rattache à la Politique ;

2° Qu'elle existe seulement pour l'homme en société : d'où son caractère tout expérimental et relatif ;

3° Qu'elle a pour but le bien des individus, comme la Politique celui de l'Etat ;

4° Que le souverain bien est le bonheur pour les particuliers et le bonheur commun ou l'utilité générale pour l'Etat.

Ces grandes vérités n'avaient point échappé au génie d'Auguste Comte, comme le prouvent les lignes suivantes du *Cours de Philosophie positive* : — « Quoique le type fondamental du perfection-« nement humain soit nécessairement identique « pour l'individu et pour l'espèce, il doit être néan-« moins bien plus complétement caractérisé d'après « l'examen de l'évolution sociale que suivant l'évo-« lution personnelle. Il est donc certain que la « Morale proprement dite ne cessera jamais, à ce « double titre, de rattacher à la Politique, convena-« blement envisagée, son point de départ général. » Il est de mon devoir de déclarer que l'illustre penseur changea d'avis et plaça la Morale en dehors et au

de ssus de la Sociologie, lorsqu'il eut jugé convenable d'ériger en dogme fondamental, — bien à tort
selon moi, — la prépondérance continue du cœur
sur l'esprit! Mais c'est mon droit absolu d'accorder la préférence à l'opinion précédemment citée,
opinion qui a le mérite, entre autres, de concorder
avec cellè d'Aristote. »

Bien entendu, cela ne veut pas dire que la
Morale, ainsi que les autres branches accessoires
de la Politique scientifique, ne doivent pas être
traitées à part; cette étude, seulement, précé-
dera celle de la science suprême. D'ailleurs, de
même que tout s'enchaîne dans la Nature par des
transitions insensibles, il n'y a pas non plus de
limites précises entre les diverses sciences relatives à l'étude des êtres et de leur évolution.
Quel homme sérieux voudrait aujourd'hui se
livrer à des spéculations sur la nature et l'organisation de la Famille, par exemple, sans faire
intervenir les données fournies par l'Ethnographie
et par l'Anthropologie préhistorique?

D'autre part, n'est-il pas évident que si la Politique scientifique traite de l'homme en société,
il faut, avant tout, avoir quelques notions précises
sur la « nature humaine » et aussi sur le milieu
dans lequel nous sommes placés, sur l'univers?
sans entrer dans le détail je dois rappeler en
quelques mots les grandes vérités aujourd'hui
démontrées et formant la base indispensable
de toute étude sérieuse relative à l'ordre social et
politique.

La Science démontre aujourd'hui l'absurdité de l'idée de Dieu. En dehors de cette hypothèse — qui n'a jamais rien expliqué que pour les simples et pour les enfants — elle est en mesure de donner la formule générale de l'Univers et de fournir une explication réelle des phénomènes physiques, intellectuels et moraux; la doctrine de l'Evolution a supplanté d'une façon définitive la chimère de la Création. Elle démontre également l'absence, chez l'homme, d'une âme immatérielle et immortelle; elle nie par conséquent le Libre Arbitre si cher aux métaphysiciens. Si donc l'homme aspire au bonheur, — ce qui est incontestable — il doit le réaliser dans cette vie terrestre, la seule sur laquelle il puisse décidément compter.[1]

Nous sommes en mesure d'aborder maintenant l'étude de l'Etat. Je prie le lecteur de ne pas se laisser arrêter par les premières difficultés et de se garder des illusions si communes en pareille matière. Tel qui ne se mettrait jamais en tête de faire des souliers, sans avoir appris, se considère d'emblée, comme un habile politique; car il semble au public que pour traiter les affaires de l'Etat, le « sens commun » suffise avec un peu de bonne volonté. C'est une erreur complète : la Politique est la plus difficile des sciences, étant

---

[1] Voyez, pour la démonstration, ma brochure sur « l'Athéisme », Londres, an 86-1878. Voyez surtout, pour l'étude complète de la nature et de l'origine des êtres : L. Büchner, *Force et Matière*. 15ᵉᵐᵉ édition allemande, entièrement refondue. Traduction nouvelle par A. Regnard. Paris, Reinwald, 1884.

la plus complexe, et il faut l'étudier sérieusement
pour en saisir les principes. Cependant, sous le
régime du suffrage universel, c'est le devoir de
tout citoyen de prendre quelque peine pour acquérir les notions nécessaires à l'exercice raisonné
de son droit; sans compter qu'à une époque où
tant de gens usent et abusent du mot « principe »,
devenu dans leur bouche un sorte de « tarte à
la crème », — il est bon de savoir à quoi s'en
tenir sur les principes vraiment dignes de ce nom,
c'est-à-dire réels et démontrés, et de connaître
la façon de les appliquer pour le plus grand
avantage du plus grand nombre.

I. Théories métaphysiques
relatives à l'origine de l'Etat

De la méthode historique — Nécessité d'étudier les
théories métaphysiques — Caractère rétrograde de la
philosophie de Rousseau. — Robespierre et les Encyclopédistes — Le contrat social — Individualisme et anarchie — Le droit divin.

L'Etat, c'est la collectivité des familles et des
individus, organisée en vue du bonheur commun.
J'aurai à revenir sur cette définition, pour la développer et la commenter; mais il importait de
fixer immédiatement les idées, ne fut-ce que pour
détruire l'erreur assez généralement répandue
en vertu de laquelle on tend à confondre l'Etat
avec le gouvernement. En réalité, il s'identifie

avec la Nation toute entière et en quelque façon avec la Société même, qui se trouve personnifiée en lui.

Il est impossible d'arriver à une conception nette de l'Etat, sans connaître son origine, son évolution. La méthode historique ou objective est le fondement unique et indéniable de toute construction dans le domaine de la science politique : car ce n'est pas en rêvant à la manière dont les choses ont dû se passer, qu'on peut obtenir des notions exactes, mais bien en cherchant à savoir comment elles *se sont* réellement passées.

Ici, malheureusement, on a rêvé beaucoup : ce qui était inévitable, étant donnés la complexité du sujet d'une part, et de l'autre le penchant qui porte les hommes à vouloir résoudre, par les seuls efforts de l'imagination, les problèmes les plus difficiles. De là les théories les plus fantaisistes, les plus erronées, et qu'il faut cependant exposer avant d'aborder l'histoire de l'origine réelle de l'Etat; car plusieurs de ces théories règnent encore dans le domaine de la politique, influençant de la façon la plus fâcheuse l'opinion publique et la marche des affaires. Au point de vue pratique même, il importe donc de les signaler à l'attention générale en les caractérisant comme elles le méritent.

Je comprends sous le titre commun de « théories métaphysiques » celles qui n'ont d'autre base que les conceptions fantaisistes de leurs inven-

teurs ou qui reposent sur une observation insuf-
fisante des faits. Il y en a deux principales et
qui seules méritent d'être examinées : le système
du *Contrat social* et la théorie du *Droit divin*.

Théorie du Contrat social — C'est ici
la grande imposture moderne, et il faut avoir
le courage de la dénoncer. Je ne voudrais
offenser ni les hommes sincères qui croient
encore aux vertus révolutionnaires de « Jean-
Jacques », — comme l'appelaient nos grands-
pères, — ni les femmes sensibles justement
enthousiasmées par la lecture des pages brûlantes
de la *Nouvelle Héloïse*; mais la vérité a des droits
imprescriptibles et un républicain a le devoir de
la faire entendre même contre Rousseau. Quelques lignes de son digne élève vont suffire à
nous édifier.

En 1785, l'Académie d'Amiens mettait au concours l'éloge de Gresset. Un des compétiteurs, un
jeune homme d'Arras, trouvait moyen, dans son
discours d'établir l'opposition qu'on va lire entre les Encyclopédistes d'une part, et l'auteur du
Contrat social de l'autre :

« Par quelle fatalité avons-nous donc vu si souvent le génie déclarer la guerre à la vertu? Écrivains plus célèbres encore par vos écarts que par
vos talents, vous étiez nés pour adoucir les maux
de vos semblables, et vous êtes venus empoisonner
leur cœur. Vous vous êtes fait un jeu cruel de

déchaîner sur nous les passions terribles qui font nos misères et nos crimes! que nous avons payé cher vòs chefs-d'œuvre tant vantés! Ils nous ont coûté nos mœurs, notre repos, notre bonheur et celui de toute notre postérité, à laquelle ils trans- mettront d'âge en âge la licence et la corruption du nôtre!

« Mais au milieu de ces funestes désordres, c'était un grand spectacle de voir l'un des plus beaux génies dont le siècle s'honore, venger la Religion et la Vertu, par son courage à suivre leurs augus- tes lois, et les défendre, pour ainsi dire, par l'as- cendant de son exemple, contre les attaques de tant de plumes audacieuses. »[1]

Voilà qui est entendu : les écrivains « plus célèbres par leurs écarts que par leur talent », ce sont Voltaire, Diderot, Condorcet, d'Holbach, tous les vrais précurseurs de la Révolution; le « vengeur de la religion et de la vertu », c'est Rousseau — « cet éloquent défenseur du sentiment religieux dans un siècle de scepticisme », dira plus tard M. Villemain.[2]

J'ai tenu à citer ce curieux morceau où se mar- que bien l'esprit étroit et farouche de ce déiste qu'on nomme Robespierre; les âmes religieuses sont seules capables de cette persistance dans la cruauté froide et systématique, qui caractérise le meurtrier de Chaumette et de Danton. De plus,

---

[1] *Éloge de Gresset*, par Robespierre; discours présenté à l'Académie d'Amiens, 1785.
[2] *Cours de Littérature française*, 1836. Tom. II, p. 524

on voit ici se dessiner très nettement l'antagonisme
entre les deux tendances du XVIII siècle. Tandis
qu'un large courant l'emporte vers la Révolution,
vers la Science et la Libre-Pensée, un effort violent,
sous l'influence de l'auteur du *Discours sur l'Inégalité*, se produit en sens contraire. Rousseau est
l'adversaire acharné de la saine philosophie, l'ennemi de Voltaire et de Diderot ; quand la religion
est abattue, il la relève avec son *Vicaire Savoyard*,
cette quintessence de l'hypocrisie ; quand l'Atheisme
va triompher et devenir monnaie courante, il en
fait un crime qu'il punit de mort (*Contrat social*,
IV, 8.) On sait comment Robespierre se chargea
d'accomplir la parole du maître : d'où l'avortement
partiel de la Révolution, soustraite à la direction
de ses chefs naturels ; d'où la crise phylosophique
et politique au sein de laquelle nous nous débat-
tons encore aujourd'hui.

Il était nécessaire de rappeler ces grandes vérités, très répandues il y a une quinzaine d'années,
mais qui semblent devenues le patrimoine exclusif d'un petit nombre d'hommes, débris du
second parti Hébertiste, — et de quelques positivistes.[1]

Maintenant que nous connaissons les idées géné-
rales de Rousseau, nous pouvons concevoir au

___

[1] C'est parce qu'ils ne sont pas au courant de ces questions, que les écrivains de la génération nouvelle, y compris
les plus laborieux, se montrent incapables de rien comprendre à la Révolution, et d'une façon générale, à la Politique
envisagée scientifiquement. Ils nous ramènent aux beaux
jours des doctrinaires.

moins l'espérance d'arriver à comprendre sa théorie du Contrat social.

Car la tâche n'est pas aisée! jamais livre aussi populaire n'a été aussi peu compris par l'immense majorité des lecteurs. Il est difficile de se faire une idée de l'amas de divagations et de contradictions entassées à ce propos; et quand on songe qu'aucun ouvrage n'exerça peut être en aucun temps, une action immédiate aussi décisive, on ne peut que gémir sur les effets, nécessairement désastreux, d'une influence à tout le moins aussi mal coordonnée. On vit rarement un engouement semblable. « Quand j'arrivai à Paris, en 1803, disait l'autre jour à un *reporter* le vénérable professeur Chevreul, on ne parlait que des victoires de Bonaparte et du Contrat social. » Ce qui s'explique à la fois par la renommée prodigieuse de l'auteur de la *Nouvelle Héloïse*, et par l'allure générale du livre, tout rempli d'aphorismes apocalyptiques laissant entrevoir au lecteur enthousiaste un avenir idéal de justice et d'égalité.

Une première difficulté se présente; la notion du pacte social primitif, nous dit-on, n'appartient pas à Rousseau, auquel on ne saurait par conséquent en attribuer la responsabilité. Sans doute le XVIIe et le XVIIIe siècle sont pleins de cette idée, formulée pour la première fois par Hobbes, avec la rigueur et la netteté propres à ce grand esprit. Mais d'abord, la nature de la convention n'est pas la même, puisque chez le philosophe anglais, l'accord a lieu entre les gouvernants, ou mieux ceux qui gouverneront, d'une part, et ceux qui seront gouvernés, de l'autre. De plus, Hobbes essaie au moins de déduire ses conclusions de principes positifs et scientifiques et non des données en l'air de la métaphysique spiritualiste.

Bien qu'il ne fasse pas jouer à la sociabilité le rôle essentiel qui lui revient dans la formation des sociétés, [1] l'auteur du *Léviathan* attribue pourtant leur origine à un acte *nécessité*, en somme, à une convention résultant fatalement du besoin de sortir de l'état de guerre et de rapine au sein duquel se débat « l'homme de la nature ». Quant aux conclusions elles sont plus complètement encore en contradiction avec celles du « Contrat social »; personne n'a mieux déterminé que Hobbes, les fondements réels de l'Etat et son but essentiellement utilitaire. Les mêmes réflexions s'appliquent à Spinoza.

Pour Rousseau, au contraire, « tout est bien, sortant de la main de l'auteur des choses, tout dégénère entre les mains de l'homme. » (Emile, I). L'Etat, d'institution humaine, est donc un mal, — un mal nécessaire peut-être ; — mais enfin c'est un mal. De plus, l'homme se distingue de l'animal en ce qu'il est un agent libre; « C'est surtout dans la conscience de cette liberté que se montre la spiritualité de son âme. » (*Discours sur l'Inégalité.*)

---

(1) Il va cependant jusqu'à dire : « Je ne nie pas que la Nature ne nous contraigne à désirer la société de nos semblables. »

Sur cette double chimère du Libre Arbitre et de la spiritualité de l'âme, il établit les fondements de la société civile. Celle-ci résulte du libre concours des hommes unis spontanément pour constituer une forme d'association « qui défende et protège de toute la force commune la personne et les biens de tous les associés, et par laquelle chacun, s'unissant à tous, n'obéisse pourtant qu'à lui-même et reste aussi libre qu'auparavant. » Ce qui s'effectue par le *contrat social*, lequel se réduit aux termes suivants : « chacun de nous met en commun sa personne et sa puissance sous la direction de la volonté générale » (*Contrat social* I. 6), de telle sorte que « chacun se donnant tout entier, la condition est égale pour tous ; et la condition étant égale pour tous, nul n'a le droit de la rendre onéreuse aux autres. »

Ne cherchons pas à comprendre comment chacun, s'unissant à tous, sous la direction de la volonté générale, *n'obéit pourtant qu'à lui-même* et reste aussi libre qu'auparavant. C'est un pur fracas de mots ; la vérité est que du moment où le « souverain » est constitué, l'individu est tenu de lui obéir en toute chose. Rousseau l'établit lui-même un peu plus loin : « quiconque refusera d'obéir à la volonté générale y sera contraint par tout le corps. » (I. 7). Il est vrai qu'il a soin d'ajouter : « ce qui ne signifie autre chose, sinon qu'on le *forcera d'être libre* » proposition étonnante, pour ne pas dire plus, et qui ne recouvre, en définitive, qu'une mystification. Le sophisme consiste à supposer que chaque individu a conservé toute sa liberté parce que tous les autres ont, comme lui, aliéné la leur! C'est là un de ces raisonnements transcendants, comme les métaphysiciens en ont tant à leur service, et qui ne semblent profonds que parce qu'ils sont incompréhensibles; cela rentre dans la catégorie des mystères.

Mais je n'ai pas à faire ici la critique complète du Contrat social; il me suffit de démontrer la fausseté du principe. Or, d'après Rousseau, c'est le libre choix de l'homme qui détermine le pacte; l'Etat et le droit public reposent donc, comme on l'a dit plus haut, sur une chimère. Cela seul suffisait à ruiner la théorie; car nous raisonnons d'après les principes démontrés de la science et non d'après les conceptions de la fantaisie, au nombre desquelles il faut ranger en première ligne le Libre Arbitre.

Voyez d'ailleurs les conséquences du système. Elles sont faciles à prévoir, du moment où l'Etat résulte, non pas nécessairement de la nature des choses, mais artificiellement du concours « d'agents libres », c'est-à-dire se déterminant à *priori*, sans autre motif que leur bon plaisir. Il est trop évident que tous ces « êtres moraux » auxquels il a plu un jour de s'associer, peuvent éprouver à un autre moment la fantaisie de se séparer; d'où la rupture du pacte et la ruine du corps politique. Cela est fatal, et Rousseau ne peut que signaler le fait. (III. 18).

Cette théorie n'est donc, en somme que celle de l'individualisme et de l'anarchie ; et voilà comment Messieurs les spiritualistes, Sorbonniens, *Roussiens*, ou Kantistes, qui font reposer la Société sur la soi-disant liberté morale et la « dignité de la personne humaine », suppriment en réalité la notion du Droit public. Leur cause s'identifie avec celle de nos modernes individualistes et anarchistes, qui regretteront sans doute d'avoir laissé à un rédacteur de la *Revue des Deux Mondes* la gloire de découvrir cette formule transcendante, si propre à caractériser l'ensemble de leurs opinions politiques et sociales : « Toutes les relations entre les hommes aboutissent à un contrat idéal par lequel les libertés reconnaissent leur égalité. »[1] Voilà certainement le comble de l'individualisme, et après cela, il n'y a plus, comme on dit, qu'à « tirer l'échelle. »

Je ne demande pas mieux, du reste, que d'accorder à M. Fouillée le bénéfice d'un article ultérieur, article étrange en dépit des bonnes intentions, et où se fait sentir plus que de raison l'influence de Schopenhauer et de M. de Hartmann. « Toute Société, dit-il dans ce nouveau travail, est un concours qui commence mécaniquement par l'égoïsme et la sympathie, et qui s'achève moralement par le consentement des volontés ou, chez les êtres supérieurs, par le contrat. » A l'aide de cet artifice, il croit pouvoir obtenir « une réconciliation finale

(1) A. Fouillée, *La Théorie de l'État et le rôle du Contrat dans la science sociale contemporaine.* N° du 15 avril 1879.

2

entre la théorie naturaliste de l'organisme social
et la théorie idéaliste du Contrat social. » Mais
c'est une illusion! Il n'y a pas de reconciliation
possible entre la réalité et la chimère, entre la
science et la fantaisie. Voilà ce qu'il faut crier bien
haut à ces hommes distingués, à ces esprits généreux mais inconséquents, qui nourris des sophismes
de la vieille Sorbonne et séduits en même temps
par l'éclat des découvertes modernes, s'épuisent en
vains efforts pour réaliser l'accouplement mons-
trueux de l'Éclectisme et du Matérialisme, — ce
dernier acquérant de jour en jour, grâce à la grande
théorie Darwinienne de l'Évolution, une prépondérance de plus en plus indiscutable.

« Tout ce que l'on peut dire en faveur de la
théorie du Contrat social[1], c'est qu'elle a servi à
mettre en relief cette vérité à savoir : que la vo-

lonté des citoyens doit jouer un rôle pour déterminer la forme de l'Etat, et qu'il leur appartient
de veiller à ce que les institutions soient en rapport avec les besoins de la société qui le constitue.
Mais on savait cela avant Rousseau, et, pour ne
parler que des contemporains, d'Holbach avait
exposé ces grands principes en termes admirables
dans son *Système social*. Le malheur voulut que
le seul Jean-Jacques fût l'oracle du jour ; ce qui
nous valut la dictature de Robespierre, digne préparation de celle de Bonaparte, et l'avortement
partiel de la Révolution.

Théorie du Droit divin — C'est une in-
vention du Catholicisme et le plus terrible engin
de despotisme qui soit jamais sorti des mains
d'une caste sacerdotale. Cela nous vint de Judée
il y a dix-huit cents ans, alors que l'esprit des races
Sémitiques s'étendit sur le monde, devenu la proie
du Monothéisme, c'est-à-dire de la plus impitoyable
des doctrines religieuses. En vain nous objecterait-
on les « choses sacrées » et l'intervention du culte
dans le droit public et dans le droit privé chez
les Grecs et chez les Romains. Ce serait jouer sur
les mots ou parler de ce qu'on ignore. Les anciens,
pour citer un exemple, combattaient sans doute

---

mais il s'agit là d'une formule rédigée après coup, et n'a-
yant rien à démêler avec l'histoire de l'origine réelle des
sociétés. De plus, ici encore, l'Etat est fondé non par le
libre consentement des individus, mais par la volonté générale déterminée par le sentiment de la conservation. Le
pacte est illusoire et, si j'ose le dire, « par dessus le marché ».

pro aris et focis; mais l'autel ne faisait qu'un avec le foyer; les vraies choses sacrées, pour eux, c'étaient la Famille et la Patrie.

M. Fustel de Coulanges n'a pas suffisamment insisté, dans ses belles recherches, sur la nature réelle de cette *relligio* essentiellement civique et n'ayant rien de commun, par conséquent avec la « religion » au sens moderne du mot. Il entrevoit bien la différence : « Le Divin, dit-il, fut décidément placé (par le Christianisme) en dehors de la nature visible et au-dessus d'elle » ; mais c'est pour tirer de là les conclusions les plus inattendues. « Pour ce qui est du gouvernement de l'Etat, ajoute-t-il, on peut dire que le Christianisme l'a transformé dans son essence, précisément parce qu'il ne s'en est pas occupé.... La religion, n'étant plus terrestre, ne se mêle plus que le moins qu'elle peut aux choses de la terre. » (*Cité antique*, p. 477). Il y a dix pages de sophismes analogues, constituant pour son grand ouvrage la plus déplorable des conclusions : — sophismes inconscients, sans doute, mais contre lesquels on ne saurait trop prémunir et les jeunes gens de nos écoles de droit, et les maîtres qui reproduisent, les yeux fermés, d'aussi incroyables affirmations.

Quoi ! le Christianisme ne s'est pas occupé du gouvernement de l'Etat ! Laissons de côté les naïvetés des évangélistes. N'est-il pas évident que le système complexe et formidable organisé par Paul et ses successeurs, à l'aide surtout des institutions Romaines détournées de leur but, n'est-il pas évi-

dent que le Catholicisme, en un mot, s'est constamment efforcé de dominer l'Etat? Mais l'histoire
entière, de Constantin à Louis XIV, en fournit des
preuves éclatantes dans des pages tout ensanglan-
tées. Ce n'est pas le moment de les remettre sous
les yeux des lecteurs ; je me contenterai d'opposer
aux affirmations de M. Fustel de Coulanges, l'autorité d'un Bossuet et d'un Joseph de Maistre.

D'après la doctrine catholique, l'Etat est d'institution divine ; la monarchie est la seule forme
légitime de gouvernement et la royauté émane de
de la divinité même. « L'autorité royale est sacrée,
dit Bossuet; Dieu établit les rois comme ses ministres et règne par eux sur les peuples ... Il les fait
oindre par ses prophètes d'une onction sacrée, comme
il fait oindre les pontifes et ses autels.... leur personne est sacrée, et attenter sur eux, c'est un
sacrilège. »[1]

« La souveraineté est pour nous une chose sacrée,
poursuit de Maistre, une émanation de la puissance divine, que les nations de tous les temps ont
toujours mise sous la garde de la religion, mais
que le *Christianisme surtout a prise sous sa protection particulière* en nous prescrivant de voir
*dans le souverain un représentant et une image
de Dieu* même. »

Déjà Tertullien disait aux Romains : « César est
plus à nous qu'à vous, parce que c'est notre Dieu
qui l'a établi. » Noble émulation, touchant em-
pressement à se précipiter dans la servitude ! Et

---

[1] *Politique tirée de l'Ecriture sainte.* Liv. III. Art. II.

les « pères de l'Eglise » ont le front de parler de la tyrannie des empereurs et de la servilité des populations anciennes.

La vérité est que jamais on ne vit rien de comparable au système d'oppression qui courba sous un joug uniforme, durant le Moyen Age, l'Europe occidentale toute entière. Les historiens s'épuisent en vains efforts pour retrouver soit chez les Germains, soit chez les Romains l'ensemble des caractères propres à la Féodalité : ils négligent un élement capital. Sans doute il y eut chez tous les peuples de race Aryenne des rois, des nobles, des hommes libres et des esclaves ; mais jamais on n'avait vu l'autorité, le droit de propriété exercé sur les personnes et sur les choses, revêtir un tel caractère d'absolutisme et d'arbitraire. Oui, le « Divin » est désormais séparé de l'Humanité et placé au-dessus d'elle, mais pour la dominer; l'Eglise est la grande coupable qui consacre le régime féodal et le pouvoir royal, en leur communiquant, aux yeux des peuples, une part de la toute-puissance du Dieu unique. Elle institue pour les rois et les princes la religion de la « seconde majesté » : et cette seconde majesté, comme parlent Bossuet et Tertullien, n'est qu'un écoulement de la première, « c'est-à-dire de la divine qui, pour le bien des choses humaines, a voulu faire rejaillir quelque chose de son éclat sur les rois. » (Politique de l'Ecriture, III. art. II). Je ne nie pas les services rendus par le régime féodal dans ces temps troublés dont on doit, du reste, rendre le Christianisme responsable autant que les Barbares ; mais il faut reconnaître que ces services ont été achetés au prix de désastreuses calamités.

Et c'est le malheur des temps, qu'aujourd'hui, au seuil du XX⁰ siècle, on soit obligé d'exposer ces théories, ce qui suffit d'ailleurs pour en faire justice. Hier encore, ne publiait-on pas chez nous la traduction du grand ouvrage de F.-J. Sthal, l'un des plus fameux et, à coup sûr, le plus réactionnaire des jurisconsultes allemands? Celui-là entasse trois volumes de recherches et de dialectique pour établir la théorie de la souveraineté du Droit divin. L'État, selon lui, est une institution divine ; l'efficacité, la puissance des lois, des constitutions leur viennent de Dieu seul.[1] On lui doit cette antinomie entre l'autorité et la « Majorité » (*Autorität nicht Majorität*), qui souleva dans le temps de vives polémiques de l'autre côté du Rhin, l'autorité seule digne de ce nom, étant d'origine divine, tandis que par le terme dédaigneux de Majorité, il désigne la puissance souveraine émanée des hommes. Herr Stahl n'avait pas l'air de soupçonner que l'antinomie se résout très-bien : au-dessus de l'autorité du droit divin et de la puissance du nombre, il y a la vérité et la justice, c'est-à-dire l'intérêt général.

Elles vivent donc encore, elles ont leurs représentants parmi nous, ces théories qu'on croyait à jamais ensevelies sous les décombres du passé, et c'est pourquoi il était nécessaire de les signaler à

[1] Die Philosophie des Rechts, 5e édition. Tübingen, 1878 Tom. II, p. 176. Stahl est mort en 1861.

l'attention publique. J'ai toujours été d'ailleurs de l'avis de Voltaire ; il n'y a pas de Nonotte ou de Patouillet qui ne vaille la peine d'être refuté. Si Locke, d'autre part, n'a pas jugé indigne de lui d'argumenter dans le temps, contre les élucubrations de sir Robert Filmer, partisan des Stuarts, je puis bien m'occuper à mon tour de nos modernes Jacobites et arracher le voile de libéralisme et de loyauté dont ils cherchent à s'envelopper.

De fait, la République, c'est-à-dire la Révolution, n'a plus en face d'elle que l'Eglise, c'est-à-dire la monarchie de droit divin, avec ou sans drapeau blanc. Or, dit Louis Veuillot, « ni la Révolution ni l'Eglise ne se veulent marier, ayant également horreur des unions mixtes, et l'Eglise plus encore que la Révolution. La difficulté capitale est l'éducation des enfants : seront-ils païens? seront-ils chrétiens? S'ils sont païens, le christianisme périra; s'ils sont chrétiens le paganisme expire. S'ils sont l'un et l'autre, c'est-à-dire ni l'un ni l'autre, ils tueront père et mère et s'extermineront les uns les autres.[1]

C'est la pure vérité. Que nos consuls veillent donc et continuent d'employer l'autorité souveraine de l'Etat pour arracher à la tutelle de l'Eglise les enfants de la République. C'est le meilleur moyen de ruiner à jamais les espérances criminelles des soi-disant princes, devenus les derniers représentants de la monarchie de droit divin. Car une telle monarchie s'identifie nécessairement, chez nous, avec le Catholicisme, et il faut toujours avoir pré-

[1] *Mélanges*, 3e série; tom. III. p. 94.

sent à l'esprit ce mot de Michelet, dont Louis Veuillot dans les lignes précédentes reconnaît la justesse : « La vie du Catholicisme, c'est la mort de la République. »

II. Origine réelle et formation de l'Etat.

L'homme est un animal social. — Le sauvage préhistorique. — Conciliation d'Aristote et de Hobbes. — Evolution de la Famille. — Le droit naturel dans la « gens » ou dans la tribu. — Formation de l'Etat par l'union de groupes consanguins. — Apparition du droit et de la justice. — Le principe de l'Utilité.

Si l'Etat n'est pas d'institution divine, s'il n'est pas, d'autre part, le produit d'un contrat, il faut qu'il résulte nécessairement de la nature des choses. C'est là, en effet, une vérité fondamentale, formulée déjà par Aristote dans l'aphorisme fameux : *anthrôpos physei politikon Zôon*, l'homme est un animal social, *un être destiné par sa nature à vivre en société*.

Car c'est ainsi qu'on doit entendre le texte, en dépit de l'interprétation en l'air des commentateurs. Pour la plupart d'entre eux, la définition précédente, excluant l'idée de contrat, exclut en même temps celle d'un état *antésocial*, comme ils disent. Or c'est là une opinion absurde, et qui ne pouvait germer que dans des cervelles modernes ou *christianisées*. Aristote n'a jamais dit cela. Il prend pour point de départ la famille ; ensuite vient la communauté de village,[1] et l'agrégation de plusieurs d'entre elles constitue l'Etat, « *né d'abord des besoins de la vie* et subsistant parce qu'il les satisfait tous. » (Polit. I. 2). L'homme, avant de vivre en sociétés politiques a donc existé d'abord à l'état de groupes isolés, de familles etc. De plus, il n'a pas été poussé par un instinct, par un penchant inné, selon l'opinion attribuée bien à tort par Hobbes à Aristote; le penchant s'est développé peu à peu par le sentiment du besoin, de l'utilité, et aussi par l'effet de cette sympathie qui n'est, — comme le dit très bien M. Espinas[2] — qu'une transformation de l'amour de soi. « Il nous suffit, écrit Georges Leroy, d'avoir observé que tout rend à l'homme l'association nécessaire, que sans elle l'espèce ne pourrait qu'à peine subsister et que la sociabilité est fondée sur la constitution même de l'homme, et sur les besoins les plus pressants qui en dérivent. »[3] La société est donc bien, pour l'homme, le véritable état *naturel*, puisque c'est dans cet état seulement qu'il peut arriver au développement le plus complet possible de ses facultés physiques, intellectuelles et morales.

---

(1) J'emploie à dessein cette expression toute récente. Le grand philosophe discerne très bien le fait qu'on avait perdu de vue et qu'on s'imagine avoir découvert de nos jours, à savoir, que le village primitif se composait d'individus de même sang. Sans doute il précise trop en affirmant que le *Kômé* constitue comme une colonisation de la famille (*apoikia oikias*). Mais il constate le point essentiel, la consanguinité.

(2) *Des sociétés animales*, 1877. p. 376 sq.

(3) *Lettres sur les animaux*, 4ᵉ ed. p. 142.

L'homme est donc un animal social : au moins
est-ce là le terme de l'évolution propre à sa nature. Mais cette sociabilité n'existait qu'en puissance, à l'état le plus rudimentaire chez les individus primitifs et n'a pu se réaliser d'une façon
à peu près satisfaisante qu'après un nombre infini
de générations. L'homme a été d'abord un animal semblable aux autres, vivant de meurtres et
de rapine, et Hobbes a eu raison aussi de le
décrire, à l'état primitif, comme un être sauvage
et ignoble. On sait aujourd'hui de la façon la
plus certaine que les premiers couples humains
n'avaient rien de cet air divin, de ce port majes-
tueux qui les faisaient reconnaître comme ler rois
du monde — selon la Bible et selon le grand
Milton, cent fois plus sublime que ses prédécesseurs juifs. L'habitant primitif de l'Europe, avec
ses mâchoires bestiales, avec ses arcades sour-
cillières proéminentes, en guise de front, et sa
face velue, était un être aussi féroce que repous-
sant, se servant en mainte occurrence du caillou
qu'il portait enmanché au bout d'un bâton, pour
assommer ses semblables et les dépecer avant de
s'en nourrir.[1] En vain m'objecte-t-on que l'an-
thropophagie n'exclut pas les sentiments de douceur et de bienveillance, que certains cannibales
ne dévorent que les ennemis tués à la guerre
tandis que d'autres mangent de la chair humaine

---

[1] Voy. L. Büchner : L'homme selon la science. p. 70 et
315. Comparez l'admirable passage de Lucrèce, De natura
rerum, Lib. V. v. 951 sq.

par gourmandise beaucoup plus que par barbarie etc. etc. Ces sentiments de « douceur et de bienveillance » au milieu du plus dégoutant appareil de carnage, et ces circonstances atténuantes me laissent absolument froid. Ces mœurs primitives me rappellent, avant tout, celles des loups et des tigres et je ne puis que constater ici les conséquences de ce droit naturel — tel qu'il faut l'entendre avec Hobbes et Spinoza, — et en vertu duquel : « les poissons sont naturellement faits pour nager ; les plus grands d'entre eux sont faits pour manger les petits ; et conséquemment, en vertu du droit naturel, tous les poissons jouissent de l'eau et les plus grands mangent les petits. »[1] Dans tous les cas, voilà de quoi justifier, et au-delà, ce passage fameux que les cuistres de la coterie spiritualiste ne manquent jamais de dénoncer comme une abomination : « Negari non potest quin status hominum naturalis antequam in societatem coiretur, bellum fuerit; neque hoc simpliciter, *sed bellum omnium in omnes.* »[2] Oui, l'homme a d'abord été un loup pour l'homme, et c'est seulement à la suite d'un nombre incalculable de générations que s'est développé, par l'extension de l'amour de soi, ce sentiment de la sociabilité qui constitue bien réellement aussi l'essence, la nature de l'être humain perfectionné. C'est ainsi qu'en faisant connaître les caractères physiques et moraux de cet être, tel

[1] Spinoza : *Tractatus theologico-politicus*, cap. XVI.
[2] Hobbes : *De cive, Libertati*, cap. 1, 12.

qu'il existait, il y a quelque cent mille ans, les découvertes modernes ont résolu l'antinomie et reconcilié sur ce point les deux plus grands philosophes qui aient jamais traité de la science politique, Aristote et Hobbes.

Ici encore, c'est à la théorie de l'Evolution(1) que nous devons l'explication du phénomène. Car la Société est une sorte d'organisme, et par conséquent, elle a dû se constituer, comme le reste, en vertu d'un processus de développement, lent et progressif. Je n'ai pas à passer en revue les phases primitives de ce développement ; cela regarde l'histoire de la Famille. Ce qu'il me faut indiquer, c'est la manière dont la transition s'est opérée entre les groupes unis par les liens de la consanguinité, et cette agglomération d'ordre tout différent qui constitue l'Etat.

Je dois cependant rappeler quelques notions d'autant plus indispensables qu'elles sont moins répandues. Quoi qu'il en soit de la monogamie des loups et des renards et de la fidélité conjugale des cigognes, il est parfaitement établi que la famille, telle que nous la connaissons aujourd'hui, n'est nullement une institution primitive. Elle est au contraire un fruit assez tardif de la

(1) Selon la dénomination très philosophique sous laquelle il convient de la désigner. Peu importe que le mot ait été usité antérieurement dans un sens restreint ; il est employé aujourd'hui, et par les savants les plus illustres de tout pays, dans le sens le plus large et en même temps le mieux déterminé. C'est à tort selon moi, que quelques écrivains paraissent, chez nous, vouloir donner la préférence à l'expression moins compréhensive de « transformisme ».

civilisation et n'a pu même se constituer complètement que dans l'Etat déjà formé. Les Sociétés humaines ont débuté dans l'immense
majorité des cas par la *Promiscuité* la plus
dégoûtante. Puis au fur et à mesure des progrès
de l'espèce, on se préoccupa davantage des enfants
et alors s'établit la notion de la parenté, de la
consanguinité, — par les femmes bien entendu.
Car si l'on est toujours le fils de quelqu'un,
comme dit Brid'oison, il n'y a que la mère qui
ne soit jamais douteuse et, dans ce phalanstère
primitif, elle seule pouvait être connue. « Avant
l'établissement des sociétés politiques, dit Goguet,
les deux sexes, dans le commerce qu'ils avaient
ensemble, ne suivaient que leurs appétits bru-
taux. Les femmes appartenaient à celui qui s'en
saisissait le premier. Elles passaient entre les
bras de quiconque avait la force de les enlever ou
l'adresse de les séduire. Les enfants qui prove-
naient de ces commerces déréglés ne pouvaient
jamais savoir quel était leur père. Ils ne connaissaient que leurs mères, dont par cette raison ils
portaient le nom. »[1] Ainsi s'établit une seconde
période, correspondant à ce que le savant Bachofen appelle, assez improprement, le règne ou le
droit de la mère (Das Mutterrecht). C'est l'époque

[1] Goguet. *De l'origine des lois, des arts et des sciences,*
liv. 1 chap. 1. Paris, 1750. N'oublions pas que ces travaux
si brillants publiés aujourd'hui à l'étranger sur les origines
de la civilisation ont été précédés par les recherches si re-
marquables de plusieurs de nos compatriotes dans ce grand
XVIIIe siècle qui, sur ce point encore, reste l'initiateur.

prédominante de la parenté par les femmes (*female kinship* des Anglais) et, en réalité, le premier pas en dehors de l'état sauvage. Alors se forme la *gens* primitive, celle qui se constitue par la descendance dans la ligne féminine. Cette période dut se prolonger pendant un laps de temps considérable, et il ne me paraît pas douteux que la *Polyandrie* n'ait été, dans un grand nombre de cas, l'intermédiaire nécessaire pour effectuer le passage de ce système à celui de l'*agnation* ou parenté par les hommes. C'est ici la troisième et dernière période, où la famille se constitue en se fondant sur le droit et la puissance du père.[1]

Ainsi, dans un grand nombre de cas, la gens et le clan, la tribu même ont précédé la famille proprement dite. Celle-ci n'apparait véritablement que le jour où le père reconnait et affirme ses droits ; la « gynecocratie », ou règne de la mère est une simple transition entre la bestialité primitive et l'état normal. Chose étrange ! sur ce point encore, c'est à ce régime primordial que

[1] Voyez pour les détails les beaux travaux de Mac Lennan (*studies in ancient history*, 1876) et de L.-H. Morgan (*ancient society*, 1879), qui ont surtout servi à M. Herbert-Spencer ; v. aussi l'ouvrage si riche en matériaux — et si intéressant, en dépit des exagérations, — de J. Bachofen: *Das Mutterrecht*, Stuttgart, 1861. 1 vol. In-4o j'ai traité ces questions dans des conférences sur la Famille, qui seront publiées ultérieurement et dans un mémoire lu devant l'association Britannique pour l'avancement des sciences : *On Polyandry, its causes and its place in the evolution of the Family*, Dublin, 1878. Voy. encore la *Sociologie*, de Letourneau (1880).

voudraient nous ramener, sous prétexte de progrès, certains réformateurs, partisans de l'union libre.(¹) Le véritable progrès, le pas décisif eut lieu au moment où, chez les nations Aryennes, la ligne de descente changea des femelles aux mâles, où s'établit l'*agnation*. En somme, ce qu'il faut bien entendre, c'est que les premières sociétés humaines dignes de ce nom, se présentent sous la forme de groupes constitués sous l'influence de l'idée de *consanguinité* : la gens Romaine, la *genos* Athénienne, le clan celtique, la Communauté de Village des Hindous, celle des Slaves etc. sont, au fond, une seule et même chose. Que le culte d'un ancêtre ait été le symbole commun, le signe de ralliement, c'est ce que M. Fustel de Coulanges a très bien établi ; mais il est sorti de la vérité en dépassant la mesure, en exaltant plus que de raison l'idée religieuse aux dépens de la notion de consanguinité.

Quel que puisse avoir été, d'ailleurs, le mode de développement, c'est cette notion qui domine dans le groupe primitif, c'est elle qui fait sa cohésion. Dans l'Attique, par exemple pour citer cette race Ionienne, le type le plus parfait dont puisse s'honorer notre espèce, la tribu, la phratrie, le genos ne sont que des groupements plus ou moins étendus, reposant sur le même principe. De même la gens Romaine, le clan Irlandais etc. Et une preuve, entre autres, c'est que l'adjonction de nouveaux membres se réalise souvent

(¹) Voyez V. de Courcelle : La liberté dans le mariage par l'égalité des enfants devant leur mère. 1851.

par l'adoption. De plus, et pour la même raison, la propriété est commune, indivisible, *corporate* comme disent les Anglais. Il n'y a pas de droit public, puisqu'il n'y a pas d'Etat : en cas d'offense, c'est au talion qu'on a recours. Que si un meurtre a été commis sur un membre se rattachant à un autre clan, alors, c'est une querelle terrible, une vendette ne prenant fin, parfois, qu'avec l'extermination totale de la tribu à laquelle appartient le meurtrier. Les légendes grecques, et dans un ordre moins élevé, les annales primitives de l'Irlande sont remplies d'histoires de ce genre. On ne voit encore régner que le droit naturel — *quod natura omnia animalia docuit*, dit Ulpien, — c'est-à-dire que les gens usent de leur force à leur guise et de la façon qui leur paraît la plus efficace pour leur propre conservation.[1] Seulement la guerre de tous contre tous s'est transformée en guerre de tribu à tribu, tandis que dans l'intérieur d'un même clan la sociabilité s'est développée de plus en plus, en partie sous l'influence de la notion de consanguinité.

Aussi longtemps que les hordes primitives vécurent à l'état nomade et pastoral, cette situation se prolongea sans se modifier. Mais avec l'apparition de l'agriculture — et grâce à l'esclavage qui seul, au début, la rendit possible — on vit

---

[1] Cf. Hobbes : *Leviathan*, Part I. ch. 14. Il ne peut mépriser ici des niaiseries sentimentales accumulées par les philosophes de toutes les écoles — Stoïciens, Roussiens, benthamiens, et autres éclectiques — sous ce titre spécieux de « droit naturel. »

3

changer la face des choses. « L'Etat sédentaire, dit très bien M. Pierre Laffitte, est la condition *sine qua non* du progrès; seul il permet aux générations successives d'exercer les unes sur les autres une action indispensable. »[1] Je ne puis m'étendre sur tous ces détails, raconter la façon dont se recrutaient ces esclaves; tantôt, c'étaient des fugitifs, des *outlaws*, expulsés de tribus voisines; d'autres fois des prisonniers faits à la guerre etc.

Quoi qu'il en soit, il est facile de comprendre comment, à un moment donné, des clans sédentaires et voisins, poussés par un intérêt commun et parfois dirigés par des chefs plus éminents s'unirent d'une façon permanente; de cette agrégation naquit l'*Etat*. L'union, d'abord simplement personnelle, s'étendit ensuite au territoire. Ce fut là le plus grand progrès peut-être, à coup sûr le pas le plus difficile à franchir dans la marche de l'Humanité; alors, seulement, la société existe, — seule digne de ce beau nom parmi les hommes, — j'entends la *société politique*, qui se fonde non plus sur les liens du sang, non sur l'identité du culte,[2] mais sur le fait de l'occupation d'un territoire commun. A la notion de la *consanguinité* s'est substituée celle de la *contiguïté* — au sentiment exclusif de l'amour des proches va se mêler désormais celui de l'amour des hommes: l'intérêt général va primer celui de la famille ou de la tribu.

---

[1] Cours de Dynamique sociale, fait à la salle Gerson, 1883-84, 3me leçon,

[2] Celle-ci ne vient qu'après coup, et pour consacrer l'union.

Le moment est solennel et plus décisif qu'on ne pense. Sans doute, il y avait déjà des rudiments d'organisation sociale, puisqu'enfin, *natura non facit saltus*; mais ce n'étaient que des rudiments. Il y avait le pouvoir arbitraire du chef de clan, mais pas d'autorité, pas de souveraineté au sens propre du mot; il y avait une possession commune, pas de propriété; des habitudes, pas de moralité; des coutumes, pas de lois.[1] Avec l'Etat, c'est la justice, la légalité, la moralité même et le droit qui font leur apparition sur la terre. « C'est le but même de l'Etat, dit Hegel, de formuler d'une façon positive tout ce qu'il y a d'essentiel dans l'activité pratique de l'homme et dans ses tendances. C'est l'intérêt absolu de la Raison que ce Tout moral soit réalisé; et c'est là le mérite et la justification des fondateurs d'E-tats.... La dignité toute entière de l'être humain, sa réalité au point de vue intellectuel et moral ne lui viennent que de l'Etat. Par lui seul, il est pleinement conscient; par lui seul il prend sa part d'une vie sociale et politique, à la fois juste et morale.... L'Etat, c'est l'incarnation de l'idée divine sur la terre. »[2] Ce qui veut dire, — en dégageant la pensée des voiles dont le célèbre philosophe aime à l'envelopper, — que la perfection de l'être humain se réalise uniquement dans

---

[1] Voyez sur ces questions qu'on ne peut qu'indiquer ici, les beaux travaux de Sir Henry Maine, surtout ses *Lectures on the early History of Institutions*; London, Murray. 1875. Voy. aussi W. Hearn : *The Aryan Household*, Melbourne 1879.

[2] Hegel, *Philosophie der Geschichte*. Introduction.

l'Etat, qui est ainsi le but suprême, la fin de la nature humaine en son plein épanouissement.

Ainsi se trouve exprimée dignement cette vérité primordiale, en vertu de laquelle il faut faire dater de l'apparition de l'Etat, l'origine de la justice et le fondement du droit. « De même donc que le péché et l'obéissance pris dans le sens le plus strict, ne peuvent se concevoir que dans la vie sociale, il en faut dire autant de la justice et de l'injustice. Car il n'y a rien dans la Nature qui appartienne à bon droit à celui-ci plutôt qu'à celui-là; toutes choses sont à tous, et tous ont le droit de se les approprier. Mais dans l'état de société, du moment que le droit commun établit ce qui est à celui-ci et ce qui est à celui-là, l'homme juste est celui dont la constante volonté est de rendre à chacun ce qui lui appartient; l'homme injuste, au contraire, celui qui s'efforce de s'approprier ce qui est à autrui. »[1] C'est à Hobbes que l'on doit surtout la démonstration de ce principe fondamental, si bien formulé par Spinoza dans les lignes précédentes. La justice et la propriété, dit l'auteur du Leviathan, tirent leur origine de la société politique, comme cela se trouve confirmé par la définition de l'Ecole : *justitia est voluntas constans suum cuique tribuendi.* Car, là où il n'y a pas de *suum*, pas de propriété, il ne peut y avoir d'injustice. Or là où il n'y a pas de lois et de pouvoir coercitif, c'est-à-dire pas d'Etat, il ne saurait y avoir de propriété, tout

---

[1] Spinoza, *Tractatus politicus,* cap. 2.

homme, en vertu du droit naturel, ayant droit
à toute chose.[1] Rousseau lui-même ne peut fermer les yeux à l'évidence, et se mettant une fois
de plus en contradiction avec ses assertions antérieures, il confesse que par l'établissement de
l'État, si l'homme perd sa liberté naturelle et le
droit illimité à toutes choses, il gagne la liberté
civile et la propriété de tout ce qu'il possède.
« Pour ne pas se tromper dans ces compensations,
ajoute-t-il, il faut bien distinguer la liberté naturelle, qui n'a pour borne que les forces de l'individu, de la liberté civile qui est limitée par la
volonté générale; et la possession qui n'est que
l'effet de la force ou du droit de premier occu-
pant, de la propriété qui ne peut être fondée que
sur un titre positif. »[2]

De même pour la morale; c'est un fait généralement reconnu, d'ailleurs, et démontré par l'histoire, dit Büchner, que la morale se perfectionne
et se fortifie dans le détail aussi bien que dans
l'ensemble, à mesure que l'organisme social pro-
gresse; car les institutions politiques contraignant
l'individu à réprimer les passions et les instincts

(1) Voy. Leviathan, Part. I, cap. 15.
(2) Contrat social, I. 8. Cf. Cicéron, De Re Publica, I. 2.
« Ille jus est gentium, aut hoc ipsum civile quod dicitur?
Ubi justum, fidei, æquitas?... Nempe ab his, qui hæc dis-
ciplinis informata, ... moribus confirmarunt, sanxerunt
... legibus. » On rencontre parfois de bonnes choses
... du ... et des contradictions qui caractérisent ce
..., il suffit au double point de vue de la politique
et de la philosophie : aussi ne peut-on jamais le citer
... ..., et, pour ainsi dire, « par-dessus le marché. »

grossiers résultant de l'état antérieur d'animalité,
celui-ci devient de plus en plus capable, grâce à
l'hérédité et à l'habitude, de conformer sa conduite aux règles morales instituées par l'éducation
et par l'exemple.

Voilà, je pense, des témoignages suffisants pour
établir la réalité des précédentes assertions, si
téméraires en apparence, mais qui semblent telles uniquement en raison des fades sophismes
accumulés à ce propos par la cohue des métaphysiciens de la politique.

En résumé, l'État s'est constitué dans le cours
de l'Évolution humaine, par l'agrégation de tribus
voisines les unes des autres ; il est né, — et avec
lui le Droit et la Justice — non du libre choix et
du contrat, mais de la nature des choses et en
vue de l'*Utilité commune*. Voilà le principe démontré, scientifique, dont dérivent nécessairement les conséquences qu'il me reste à exposer.

III. Nature et But de l'État. — De la Souveraineté.

Conditions essentielles de l'existence de l'État. — La
Collectivité et le Territoire commun — La Langue et la
Race — Gouvernants et Gouvernés — L'État comparé à
un Organisme — Haeckel et M. de Lanessan — Le But,
ou l'Intérêt général — La Souveraineté — La République
démocratique est de droit — Le 18 Fructidor — Machiavel
et l'État populaire — Des Grands Hommes — L'Intelligence, la Force et le Droit.

——————

Nous pouvons mieux apprécier, maintenant,

l'exactitude de la définition donnée plus haut sous forme de postulat :

L'Etat, c'est la collectivité des familles et des individus organisée en vue du bonheur commun.

Cela suppose naturellement l'unité de lieu et un territoire suffisamment étendu, appartenant à la collectivité ; des possessions lointaines peuvent d'ailleurs être rattachées au noyau central par des liens communs.

La langue et la race sont le plus souvent uniformes, bien que cette condition ne soit pas constante. Elle n'est pas non plus indispensable ; mais personne n'osera prétendre, que l'agrégat d'éléments hétérogènes, constituant l'Etat autrichien soit aussi solide, aussi cohérent qu'un Etat de langue et de nationalité homogènes. A la suite de nos malheurs, des gens de cœur et de bonne volonté ont voulu dans les meilleures intentions du monde, contester cette indéniable vérité; ils ont nié que la langue et la race eussent quoi que ce soit à démêler avec la constitution d'un Etat. Ils n'ont pas vu qu'ils allaient directement contre le but particulier de leurs efforts; car, à ce compte, nos ennemis nous ayant pris l'Alsace en vertu de la théorie des races et des nationalités, pourraient justifier, en vertu des principes contraires, l'annexion des territoires de langue française. Il y a même cette circonstance aggravante, que l'on ne voit pas bien où l'on pourrait s'arrêter dans cette dernière voie. La vérité est que la Force a tout fait; les Kantistes et les « purs » peuvent se

consoler et se draper même dans la défaite en se
disant qu'ils ont le droit pour eux ; les gens sérieux
savent que le Droit ne sera de nouveau une réalité
que le jour où nous aurons mis, à notre tour, la
Force à notre service.

Du reste cette expression de *race* ne doit pas
être prise dans le sens étroit que lui donnent certains anthropologistes et quelques linguistes peu
au courant des questions historiques et philosophiques. Le mot est souvent employé, et avec
raison, très scientifiquement, comme synonyme de
nationalité. Car de même qu'autrefois, dans les
tribus et les *gentes* il y avait nombre d'individus
admis par adoption et considérés, après cette for-
malité, comme membres de la famille, dont ils
prenaient les idées, embrassaient les intérêts etc.,
de même les nationalités peuvent comprendre un
certain nombre d'individus d'extraction différente,
mais se rattachant, en somme, à un fond commun
représenté par le langage, par la façon de vivre et
de penser. Peu importe que parmi les Aryens, par
exemple, les uns aient eu la tête arrondie, les autres le crâne allongé ; le langage uniforme, résultat
indéniable de l'existence en commun suffisamment
prolongée est encore le meilleur garant de la conformité des idées et des aspirations, eu égard aux
effets bien connus de l'hérédité physiologique.
Pour ceux qui savent, en effet, que les facultés intellectuelles, que la pensée, sont dans un rapport
intime avec les qualités physiques de l'organe céré-

bral, que l'âme est le cerveau en activité,[1] — le langage, les habitudes intellectuelles et morales caractérisent la race d'une façon tout aussi positive, *tout aussi matérielle, et souvent plus précise*, que la forme du crâne ou la couleur de la peau.[2] Sans doute la langue peut changer aussi, mais toujours pour se confondre avec celle du peuple prédominant qui communique ses habitudes intellectuelles avec son propre langage au groupe d'individus étrangers, perdu dans son sein. « Un peuple étranger qui accepte héréditairement une langue nouvelle, dit Bluntschli, se transforme petit à petit

---

[1] « La pensée doit être considérée comme une forme particulière du mouvement général de la nature, propre à la substance des centres nerveux, comme le mouvement de contraction des muscles est propre à la fibre musculaire et celui de la lumière à l'éther cosmique. L'intelligence n'est pas, pour cela, la matière même ; elle est matérielle en ce sens seulement qu'elle se présente comme la manifestation d'un substratum matériel auquel elle est aussi indissolument unie que la force l'est à la matière..... La Pensée et l'Etendue ne peuvent donc être considérées que comme les deux aspects, les deux modalités d'une seule et même substance. » L. Büchner, *loc. cit.* p. 322.

[2] « On s'est donné beaucoup de mal depuis vingt ans, dit Haeckel, pour étudier et mesurer les crânes avec la plus grande précision possible, sans que le résultat ait répondu à tant d'efforts. Dans une même espèce, comme les Méditerranéens, par exemple, la forme du crâne peut varier dans les limites les plus extrêmes. Des caractères infiniment préférables pour la classification des races humaines nous sont fournis par la nature des cheveux et par les langues, qui se transmettent beaucoup plus sûrement par l'hérédité. » *Natürliche Schöpfungs-Geschichte*, 7e éd., 1879, p. 636. (*Histoire de la Création d'après les lois naturelles*, voy. la traduction de la 4e édit. par Letourneau. Paris, Reinwald, 1874.)

intellectuellement et prend la nationalité du peuple dont il parle la langue. »[1]

C'est la pure vérité, et cela permet de rappeler qu'aux races *Germanique* et *Slave*, on est parfaitement fondé à opposer les races *Latines*, l'ensemble des peuples Romans, — Romains devrait-on dire, puisque ce mot est la véritable traduction actuelle du latin *Romani*. Qu'importent les Celtes et les Ibères! Ce qui est certain, ce qui est glorieux, c'est que les trois nations Européennes qui bordent la Méditerrannée, de l'Adriatique à Gibraltar, ont reçu l'emprunte inffaçable du génie Latin, de la civilisation Romaine; ce qui est

[1] Sans doute cette assimilation du langage n'est ni fatale ni irrémédiable; les Bretons, par exemple, sont français, quoique un grand nombre d'entre eux n'entende pas la langue française. Mais c'est une chose mauvaise à tous égards, fâcheuse parfois pour l'unité nationale et qui d'ailleurs, dans un grand nombre de cas, prouve seulement l'extrême infériorité de la race ainsi réfractaire, incapable de s'assimiler la langue du peuple naturellement dominateur. C'est le droit et le devoir du gouvernement de veiller à ce qu'un pareil état de choses ne se maintienne pas et de réprimer des manifestations dans le genre de celles de cet évêque de Quimper qui n'a pas craint de publier les lignes suivantes : « Dans quelques années, grâce à la multiplicité des écoles, tous ou du moins le plus grand nombre entendront la langue française ; mais ce sera la langue savante qu'ils parleront aux habitants des villes ou aux personnes d'une condition supérieure. Entre eux et dans leurs rapports de tous les moments, le Breton demeurera le langage auquel il s'attachera de plus en plus. » A quoi l'éditeur ajoute : « car je pense que la foi ne resterait pas longtemps en notre pays si le Breton disparaissait. » Cela se lit dans un manuel populaire, qui « aux paysans désireux d'apprendre le français : Colloque français et breton; » kemper, « H. J. Salaun, lecteur, 56 ru Kéréon. (Quimper, chez J. Salaun).

certain, ce qui est glorieux, c'est que, parmi ces nations, le Peuple Français est le représentant le plus direct, le plus digne successeur de ce peuple Romain qui réalisa cette grande conception de l'Etat universel, de l'Humanité ne formant qu'une même famille et qu'un même faisceau, de ce peuple à propos duquel Dante a écrit : nobilissimo populo convenit omnibus aliis prœferri.([1])

Mais si l'uniformité de langue et de race, élément capital de stabilité, n'est pourtant pas indispensable à l'existence de l'Etat, il n'en est pas de même d'une autre condition qu'il nous reste à examiner : je veux parler de la distinction nécessaire des membres de la communauté en *gouvernants* et en *gouvernés*. L'absence de gouvernement, l'*an-archie* est la négation même de l'Etat : tout agrégat humain, comme tout organisme, a besoin d'être dirigé et réglementé sous peine de se dissoudre.

Car c'est une vérité généralement reconnue aujourd'hui, que le Corps politique est comparable à un être vivant, ayant ses éléments, ses appareils, ses fonctions, un commencement et une fin, parcourant en un mot comme tous les corps de la Nature depuis l'astre le plus gigantesque jusqu'à la plus infime monère, — les trois périodes caractéristique de croissance, d'état et de déclin, pour entrer, de là, dans la décrépitude et dans la mort. L'histoire nous en offre d'innombra-

(i) Dante. De monarchia, Lib. II, 3.

bles exemples; seules, ces sociétés qui, comme la Démocratie Athénienne ou l'Etat Romain, ont marqué d'un éclat incomparable leur passage dans la succession des Empires, continuent de vivre dans leurs ruines mêmes, et communiquent aux nations développées de leurs débris, une part de leur ancienne vitalité avec la mémoire de leur grandeur passée.

« Je considère tout organisme supérieur, — dit Haeckel, partant du point de vue des sciences naturelles, — comme une unité sociale organisée, comme un Etat dont les citoyens sont les cellules individuelles. Dans tout Etat civilisé, les citoyens sont bien, jusqu'à un certain dégré, indépendants en tant qu'individus; mais ils dépendent pourtant les uns des autres en vertu de la division du travail, et ne laissent pas d'être soumis aux lois communes; de même, dans le corps de tout animal ou végétal supérieur, les cellules microscopiques, en nombre incalculable, jouissent bien de leur indépendance individuelle, mais, en vertu de la division du travail, elles sont dans un rapport de dépendance réciproque et subissent plus ou moins les lois du pouvoir central de la communauté... Les cellules sont de véritables citoyens d'un Etat.

« La comparaison peut encore être poussée plus loin; nous pouvons considérer le corps de l'animal, avec sa forte centralisation, comme une monarchie cellulaire, — l'organisme végétal, plus faiblement centralisé, comme une république cellulaire. De même que la science politique comparée nous présente dans les différentes formes d'organisation politique de l'Humanité existant encore aujourd'hui, une longue série de perfectionnements progressifs depuis les hordes les plus grossières des sauvages jusqu'au Etats les plus civilisés, l'anatomie comparée des plantes et des animaux nous montrent également une longue suite de perfectionnements progressifs dans les Etats cellulaires.

« Au bas de l'échelle, au dernier dégré d'association et de communauté cellulaire, on rencontre les Algues et les Champignons, les Eponges et les Coraux qui, à considérer la nature élémentaire de la division du travail et de la centralisation, ne s'élèvent point au-dessus des grossières hordes de sauvages. Nous trouvons, au contraire, au sommet de l'évolution, la puissante république de l'arbre, l'admirable monarchie cellulaire des vertébrés, dans lesquelles la nature complexe de l'élaboration et de la division du travail des cellules constituantes donne lieu à l'apparition des organes les plus divers, et où la coordination et la subordination des états sociaux, l'action commune pour le bien général, la centralisation du gouvernement, en un mot, l'organisation, ont atteint une étonnante hauteur. »(1)

Il n'y a qu'un mot à changer dans ce tableau magistral, qui devient alors l'expression la plus

(1) Haeckel. *Essai de Psychologie cellulaire* 1879. Trad. J. Soury, p. 17.

naissante et la plus parfaite de la vérité ; il faut dire « *la République fédérative ou autonomiste* » de l'arbre, et la « *République une et indivisible* » des vertébrés. Car dans la monarchie proprement dite, il n'y a pas accord, solidarité et direction comme dans les organismes supérieurs, mais bien plutôt oppression par une force extérieure, sans rapport intime avec les éléments de l'ensemble.

Si l'auteur d'un livre intéressant sur le « Transformisme » s'était donné la peine d'aller au fond des choses et de saisir la pensée de Haeckel, il ... aurait ... chargé, à ce propos, l'étonnante ... qu'on va lire. « L'être vivant pluricellulaire, dit M. de Lanessan, agrégé de la Faculté de ... de Paris, n'est rien sans les cellules qui le composent, de même que l'Etat n'est rien sans les ... qui le composent. Ce qui vit dans le corps, ce n'est pas l'Etat, c'est chaque ... individuellement. De même, ce qui vit dans ... unité pluricellulaire, dans un homme ce n'est pas l'homme, ce sont les cellules qui le composent. Le « moi » de l'homme n'est qu'une entité métaphysique ne répondant à rien de réel, au même titre que l'Etat n'est qu'un ... quand il ne désigne pas un ou plusieurs citoyens exerçant une action démonstrice sur les autres membres de la société. Louis XIV ... « L'Etat c'est moi » exprimait en lui ... que le roi de France exercer la puissance et le gouvernement, et tous les autres individus daient ses sujets ou pour mieux dire, ses escla- ves ; mais quand nos républicains autoritaires affirment qu'avec nos institutions actuelles, « l'E- tat, c'est le peuple, » ils font preuve d'une gros- sière ignorance ou d'une insigne mauvaise foi. Le peuple est, en effet, divisé en deux parties : l'une qui commande, c'est la majorité ; l'autre qui obéit, c'est la minorité. »[1]

Je comprends les violences de langages lorsqu'elles sont justifiées par l'ardeur des convictions de l'ora- teur ou de l'écrivain, en même temps que par l'impudence des contradicteurs. Mais rien de moins compatible à ces élans généreux, que l'indignation de certains sceptiques, s'imaginant pouvoir convaincre par des éclats de voix et par des injures violentes absentes. Sans compter que lorsqu'on traite ses adversaires d'idiots et de faux monna- yeurs encore est-il prudent de ne pas prêter le flanc à la critique d'une façon trop désastreuse.

Certes, personne ne contestera cette vérité, à savoir que l'Etat n'est rien sans la somme des individus qui le composent; ce qui revient à dire qu'il est constitué par la collectivité des individus. Mais cela posé, il ne faut pas ajouter que Louis XIV exprimait un fait réel en disant : « l'Etat c'est moi, — parce que lui seul exerçait la puissance et le commandement » ; car, alors, vous tomberiez dans le sophisme de ceux qui confondent l'Etat avec le gouvernement. Enfin, il ne faut point, ni les uns ni les autres, tomber dans une nouvelle contradiction en déclarant qu'avec nos institutions actuelles, l'État, c'est la *majorité du peuple* ; car si cette majorité est l'origine de la souveraineté, la source du gouvernement, encore ne se confond-elle pas avec lui, et vous abandonnez ici votre deuxième opinion pour vous rapprocher de la vérité, c'est-à-dire de ceux qui voient dans l'État la collectivité organisée des individus.

Sans doute on pourrait pardonner au savant naturaliste son ignorance parfaite des principes les plus élémentaires de la science politique. Mais il fait tort à ses connaissances biologiques en affirmant que le « moi » de l'homme n'est qu'une entité métaphysique ne répondant à rien de réel, et en se mettant aussitôt à rompre des lances contre ce moulin-à-vent de « Principe vital », que personne ne prend plus au sérieux. Il est bien évident que le « moi » immatériel, immuable et indivisible des métaphysiciens est une plaisanterie déjà vieille ; mais il n'est pas moins certain que la conscience de la personnalité est un fait très réel, résultant, chez *l'homme sain*, de la somme des sensations, de l'accumulation des images dans la mémoire. Sans doute les cellules de l'organisme humain vivent d'une vie propre ; mais encore tirent-elles leur alimentation d'une source commune, tandis que, d'autre part, leur nutrition et leur fonctionnement sont soumis à l'influence du système nerveux, au-dessus duquel plane le cerveau, avec cette couche corticale grise, centre de toute activité intellectuelle et morale. Et certes, en ce moment, par exemple, où j'ai en face de moi le savant auteur du « transformisme », il est bien évident que j'ai affaire à l'être vivant, un et indivisible, qui répond au nom de « Lanessan », quelle que soit d'ailleurs l'importance indiscutable des éléments cellulaires qui le composent.

En vérité les libéraux à outrance, comme ce naturaliste distingué, les adeptes de l'Ecole des Laboulaye et autres Jules Simon, feraient mieux de laisser de côté les comparaisons empruntées à l'histoire naturelle et à la doctrine de l'Evolution, impuissante à fournir un argument quelconque à une opinion en contradiction formelle avec les données de la Science. Que s'il leur faut absolument trouver dans le règne animal un modèle pour leur république autonomiste et fédérale, ils n'ont qu'à l'aller chercher parmi les madrépores ou chez les mollusques agrégés. Le lecteur excusera cette disgression nécessaire ; car il n'est pas de bourdes qu'on ne parvienne à faire accepter au public, surtout lorsqu'on a l'honneur de se présenter devant lui, paré de quelque titre académique ou universitaire J'ajoute que, dans ces conditions, si « l'ignorance » est impardonnable, la « mauvaise foi » serait décidément criminelle.

Quoi qu'il en soit de ces comparaisons, qui, dans tous les cas, ne doivent jamais être poussées au delà de certaines limites, nous retenons comme un dernier élément caractéristique, indispensable à la notion de l'Etat, cette distinction né-

cessaire en gouvernants et gouvernés, en dehors
de laquelle il n'y a pas de société politique. Ainsi
constitué par la masse des associés, possesseurs
d'un certain territoire, unis par des aspirations
identiques dont l'uniformité de race et de langage
est le plus sûr garant, et travaillant sous la direction d'un même gouvernement, le corps social
est en mesure de réaliser le but indiqué, c'est-à-
dire l'utilité, la félicité communes; ce qui se
marque de la façon la plus saisissante par la
formule éternellement vraie : *Salus Populi supre-
ma lex esto.*

Mais pour atteindre ce but suprême, il faut
les moyens. C'est pourquoi l'axiome précédent
doit être complété par cet autre, inscrit par Hobbes en tête de son « Leviathan » pour caractériser
la puissance de l'Etat : *Non est potestas super
terram quæ comparetur ei,* — « Il n'y a pas de
pouvoir sur la terre qui puisse lui être comparé. »
« L'Etat ou la République, dit ce grand homme
qu'on ne saurait citer trop souvent, est une personne dont les actes sont en réalité ceux d'une
grande multitude d'hommes, liés entre eux par
un contrat, afin qu'elle puisse employer la force
et les facultés de tous comme elle le jugera convenable pour la paix et la défense commune. »[1]
Remplacez le mot « contrat » par le terme
« Constitution », qui prête moins à l'équivoque,
et vous avez ici la théorie complète de la Souveraineté, déjà indiquée dans Aristote et dont il

[1] *Leviathan.* Part II. ch. 17.

ne faut faire honneur ni à Rousseau, comme le
veut M. Barthélemy St-Hilaire, — ni à Bodin,
quoi qu'en disent M. Baudrillart et les Anglais
qui l'ont copié.[1]

La Souveraineté, c'est la puissance suprême,
supérieure aux lois mêmes, — puisque celles-ci
en émanent — et qui réside dans l'universalité
des citoyens. C'est pourquoi, des trois formes
connues de constitution — la *Monarchie*, ou pouvoir d'un seul, — l'*Oligarchie*, ou pouvoir de
quelques uns, — la *Démocratie*, ou pouvoir de
tous, — la dernière seule est raisonnable et légitime, véritablement adéquate, la Souveraineté
résidant ici *réellement* dans la masse de la Nation.
Dans les deux autres formes, il y a bien aussi un
pouvoir absolu qui détient l'épée de justice et de
guerre, mais c'est un pouvoir usurpé, illégitime;
contre lequel « l'insurrection est le premier des
droits et le plus sacré des devoirs : » c'est le despotisme d'un individu ou d'une caste : ce n'est
pas la Souveraineté.

C'est pourquoi, aussi, la République Démocra-

---

[1] Bodin n'a fait que traduire par le mot *Souveraineté*,
le « Majestatem » des latins, par quoi ceux-ci exprimaient
la dignité, la grandeur et la souveraine puissance du peuple Romain. Puis, il identifie immédiatement cette souveraine puissance avec l'autorité absolue du monarque.
« L'erreur de Bodin, dit son panégyriste Baudrillart, a été
de croire que cette souveraineté peut abdiquer entre des
mains étrangères. Il la croit transmissible comme un héritage. » (*Bodin* et son temps, p. 200, 1853). Cette erreur
est grave, assurément, et suffit à déterminer la valeur de
la théorie. Voy. Bodin, *les six livres de la République*.
Liv. I, Ch. 8. Paris, 1583.

tique est au dessus des manifestations même du
suffrage universel. Car je prie qu'on veuille bien
ne pas confondre la Souveraineté, le pouvoir social d'où émanent la justice et les lois, avec cette
puissance illimitée attribuée par Rousseau à la
totalité des individus, considérés comme tels.
« Le droit de voter dans l'Etat et pour l'Etat, dit
le savant juriste Bluntschli, n'est pas un droit
primitif de l'homme, c'est un droit politique,
dérivé de l'Etat et destiné à le servir. *Ce droit
n'existe pas en dehors de l'Etat et ne peut exister
contre l'Etat.* »[1]

Mais pourquoi? parce que l'Etat n'a sa raison
d'être que dans le principe irréductible de l'Intérêt général, sur lequel il est fondé; or, c'est
dans la Démocratie seule que ce principe peut
être sérieusement sauvegardé, parce que dans
cette forme de gouvernement, le pouvoir social
a sa source réelle dans l'universalité des citoyens,
de sorte que tous les intéressés prennent une
part efficace à la gestion des affaires communes.

Cela ne veut pas dire, malheureusement, que
dans la Démocratie même, le principe de la Justice, c'est-à-dire, — selon Aristote et la vérité, —
de l'utilité commune (*to koiné sympheron*) soit
toujours sauvegardé. Il peut arriver que la majorité, abusée par un motif quelconque, émette un
vote détruisant l'Etat démocratique pour établir
la Monarchie ou l'Oligarchie. Mais alors, en fait,
le Droit public est anéanti; il n'y a plus ni corps

---

[1] *Politik als Wissenschaft.* p. 421, Stuttgart, 1876.

politique ni citoyens, mais seulement une multitude ramenée au droit naturel primitif, à l'état
de guerre de tous contre tous, et il appartient aux
gens de cœur et de bonne volonté de relever le
drapeau du Droit et de la Justice et de faire effort
au nom de l'intérêt général, pour rétablir la République.

Car il faut le crier bien haut, à la face des
ennemis irréconciliables de nos institutions. Nous
ne sommes pas les libéraux sceptiques et bon-
nasses du temps passé, et, dussent en frémir les
niais et les libérâtres du temps présent, nous
avons, nous autres, un principe réel, infléxible
— tout aussi absolu que le vôtre, Messieurs les
monarchistes, à apposer à vos affirmations, — le
principe de la justice, c'est-à-dire de l'*Utilité
commune* à dresser en face de votre « droit divin ».
La Souveraineté, qu'elle soit réelle comme dans
une Démocratie, ou artificielle comme dans une
Monarchie, ne peut aller contre ce principe qui
est la fin même de l'État. *Au dessus de l'autorité
du nombre, plane celle de la Raison, c'est-à-dire
de la vérité démontrée*. Voilà quinze cents ans
que les partisans du trône et de l'autel nous donnent le « sacré » et le « divin » comme seul véritable; il est temps de leur montrer, — pour
emprunter les paroles d'un illustre penseur, —
qu'aux yeux de la Science, *la vérité seule est
sacrée*.

En Fructidor an V, la majorité des Français
était contre la République et contre la Démocra-

tie, comme en 1793. Les deux Assemblées renou-
velées par le peuple, fourmillaient de royalistes,
et les membres du gouvernement, *défenseurs de la
Liberté*, se voyaient sur le point d'être décrétés
d'accusation : la République allait périr, emportée par la volonté des Français égarés. Que fallait-
il faire ?

Il y a d'abord la théorie de l'Intransigeance,
de la Métaphysique et du « périssent les colonies » etc. Ses adeptes, partisans de la Liberté
absolue et de la toute-puissance du nombre,
n'hésitent pas à répondre : « Tant pis! il n'y avait
pas à réagir puisqu'on ne pouvait le faire qu'en
sortant de la Légalité, de la Liberté et de la
Majorité. » Heureusement, un homme se trouva
pour mettre en pratique une autre théorie, celle
de la politique raisonnée qui résout les questions
non pas en vertu de je ne sais quelle idée abstraite, mais scientifiquement, au nom du principe
de l'Utilité, — *salus populi*. En vain dira-t-on
que le peuple ne voulait pas être sauvé : il
ignorait, voilà tout. L'armée, pour laquelle M.
Taine réserve toutes ses louanges, sous prétexte
qu'elle était seulement française et point républicaine, l'armée était précisément beaucoup plus
républicaine que le reste de la France, Paris
excepté. Ces soldats adoraient la Révolution,
pour laquelle ils avaient versé leur sang dans
tant de luttes héroïques. A la fête commémora-
tive du 10 août, Hoche avait pu constater les
sentiments de ses généraux contre les Conseils.

« Ne les quittez pas encore ces armes terribles! »
leur avait-il dit. Et sur l'appel de Barras, il
envoie au directoire, qui n'a pas le sou, sa petite fortune avec une partie de la caisse de l'armée; puis quand le moment est venu, les douze
mille hommes nécessaires pour le salut de la
République. Grâce au concours du héros intègre,
les trois directeurs non traitres, se concertant
avec son chef d'état-major Chérin, avec le général Augereau purent enfin prendre les mesures
indispensables, et le 18 Fructidor la Révolution
fut sauvée.

Mais voilà aussitôt le chœur des « purs » qui
s'avance pour crier anathème! « La Légalité fut
violée, disent Cabet et Quinet, et cette journée
qui inaugura le régime du sabre fut la plus funeste à la Liberté. » On pourrait opposer à cette
boutade l'opinion raisonnée de Thomas Payne,
d'Armand Carrel et autres. On pourait ajouter
que dans cette matinée du 18 Fructidor, on vit
marcher, aux côtés des soldats d'Augereau, des
hommes qui se connaissaient en liberté au moins
aussi bien que M. Cabet : Pache, qui fut l'ami
de Chaumette; Santerre, qui commanda le grand
roulement; Rossignol et tous les patriotes survivants, oubliant toute rancune pour ne songer
qu'au salut de la République. Mais il suffira de
faire remarquer que tous ces métaphysiciens de
l'histoire ont simplement répété les paroles de
Bonaparte à cette occasion. Que l'auteur du dix-
huit Brumaire ait voulu assimiler son crime à

la Révolution de Fructidor, cela n'est pas surprenant; ce qui l'est véritablement, c'est de voir des républicains se faire l'écho de ces palinodies. « Fructidor, dit très bien M. Pierre Laffitte, n'ouvrit pas plus la porte au Dix-huit Brumaire que les mémorables campagnes de l'an II ne préparèrent les guerres criminelles de l'Empire. » [1]

Veut-on savoir comment cette dernière journée républicaine put avoir en effet quelque influence sur les déplorables événements ultérieurs? Par la trop grande mansuétude en vertu de laquelle on laissa vivre tant de misérables conspirateurs, à commencer par Pichegru, le plus scélérat de la bande. « Cette philantrophie déplorable qui crevait les yeux à la Justice, dit Michelet, et mettait de niveau avec les fautes légères les plus épouvantables des crimes, eut son fruit naturel, la multiplication des traitres. C'est surtout de ce jour que les frères Bonaparte voyant la France indifférente, dégoûtée du bien et du mal, travaillèrent sans pudeur ni crainte à creuser l'abîme de Brumaire. » [2]

Je suis, pour ma part, l'adversaire acharné de la peine de mort et je ne doute pas que dans deux ou trois siècles d'ici, nos descendants n'envisagent les exécutions actuelles avec la même horreur que celle qui nous saisit à la lecture du récit d'un auto-da-fé. Le droit de punir ne se

[1] La Révolution Française, Paris, 1880, p. 159.
[2] Histoire du XIXᵐᵉ siècle, tom. II. p. 216.

fonde, scientifiquement, que sur la nécessité de sauvegarder la vie et les intérêts des membres de l'Etat; or, il est prouvé que la guillotine ou la pendaison n'ont aucun effet au point de vue de la diminution des meurtres, ne contribuent en rien à la sécurité réelle des citoyens. Ce n'est pas le moment de développer cette opinion, qu'on n'a pu encore faire partager aux enfants et aux femmes, lesquels en sont restés à la notion primitive et quasi-préhistorique du talion; sans compt... qu'un grand nombre de ces dernières, délaissant les grandes idées philantrophiques pour se consacrer exclusivement à l'amour et à la protection des animaux, s'enrôlent dans les bandes de fanatiques inconscients et de jésuites de toute robe qui essaient de ressusciter l'Inquisition sous une forme nouvelle et de raviver, dans le peuple, les haines d'autrefois contre la Science et les savants.

Mais, avec Beccaria — le premier légiste qui ait proposé l'abolition de la peine de mort — j'estime qu'il y a une exception. « Dans les temps d'anarchie, dit-il, lorsque les lois sont remplacées par la confusion et le désordre, si un citoyen, quoique privé de sa liberté, peut encore par ses relations et par son crédit, porter quelque atteinte à la sûreté publique, si son existence peut produire une révolution dangereuse dans le gouvernement établi, la mort de ce citoyen devient nécessaire. »[1] Il ne s'agit pas ici bien entendu, de ces malheureux enfants du peuple, assurément

---

[1] Des Délits et des Peines. P. 16.

sans influence et sans crédit, et mitraillés sans merci dans toutes les insurrections, — mais bien des prétendants, issus des dynasties autrefois régnantes et qui, par ce fait même, sont une menace permanente pour les Etats démocratiques. La légitimité du châtiment se prouve ici par son efficacité incontestable. Et point n'est besoin d'attendre le moment du désordre et de l'anarchie. Que de désastres épargnés à notre cher pays, si, au lieu de prêter l'oreille aux « sublimes niaiseries » des Jules Favre et des Louis Blanc, l'Assemblée Constituante de 1848 avait interdit à Louis Bonaparte le sol de la France, le déclarant hors la loi, bon à fusiller sur l'heure si on le prenait en rupture du ban ![1] Cela soit dit, non pour récriminer contre les fatalités de l'histoire, mais pour rappeler à mes concitoyens les leçons du passé et les mettre à même d'éviter les fautes des hommes de ce temps-là. Pauvres gens, qui se croyaient généreux et n'étaient qu'insensés! Hommes purs qui s'en allaient le cœur léger et la conscience tranquille, ignorant qu'en politique, et en dépit des bonnes intentions, les fautes sont des crimes lorsqu'elles entraînent la ruine de la bonne cause avec celle de la République.

On voit maintenant comment la Souveraineté, c'est-à-dire le pouvoir social d'où émanent les lois, diffère de la souveraineté du nombre, absolue et sans appel, imaginée par Rousseau et

---

[1] Le tyrannicide *proprement dit* se justifie par des raisons analogues.

consorts. Non qu'il s'agisse ici de condamner le suffrage universel, condition première de la République démocratique : on veut seulement, — et la chose est assez importante, — fixer les limites de ses attributions et de son pouvoir, qui ne sauraient aller, en droit, jusqu'à la destruction de l'État. Malheureusement, *en fait*, le contraire peut très-bien se produire et il fallait indiquer le remède, c'est-à-dire *la Force* mise au service du Droit; seul moyen efficace contre la violence émanée de la volonté du nombre ou de la scélératesse d'un seul. Le danger est grand, en effet, et l'immortel Machiavel l'avait déjà signalé. « Car il faut remarquer deux choses, dit-il; la première, c'est que le peuple court souvent à sa perte, égaré par l'appât d'un bien imaginaire, et que s'il ne se trouve pas quelque citoyen, possédant sa confiance, pour l'éclairer sur ce qui peut lui être nuisible ou avantageux, la République est exposée aux plus grands dangers. Et quand le sort veut que le peuple ne se fie à personne, comme cela se voit, pour avoir été trompé soit par les hommes soit par les événements, l'État ne peut éviter sa ruine. Et c'est à ce propos que Dante écrit, dans son livre *de Monarchia*, qu'on entend souvent le peuple crier : Vive ma mort! et périsse ma vie! »[1]

On objectera sans doute que, s'il en est ainsi, la Démocratie n'est pas « la perfection même. » Je répondrai qu'il n'y a rien d'absolu ni de parfait,

(1) *Discours sur Tite Live.* Liv. I. Ch. 53.

et que ces inconvénients sont peu de chose en comparaison de ceux que présentent la Monarchie ou
l'Oligarchie. Pour un monarque qui prend à cœur
les intérêts du pays, combien d'autres ne se préoc-
cupant que d'eux-mêmes et de leur dynastie, sans
parler de la série d'imbéciles couronnés, hors d'état
de veiller à la gestion de leurs propres affaires. [1]
Quant à l'Oligarchie, c'est le pire de tous les gouvernements; en raison des jalousies, des tiraillements inévitables, c'est la tyrannie sans les avantages pouvant résulter de l'unité de direction, — et
la plus détestable des tyrannies, celle de l'argent.
Car le « pouvoir de quelques uns » a été, dans
tous les temps, celui des riches.

En somme, dans ces deux régimes, le mal est
la règle : dans la Démocratie, il est l'exception.
« Quant à la sagesse et à la constance, écrit Machiavel, j'affirme qu'un Peuple est plus sage, plus
constant et d'un sens plus droit qu'un Prince...
Et si parfois, comme je l'ai dit, il se laisse séduire
par des résolutions audacieuses ou présentant une
apparence d'utilité, combien plus souvent un Prince

---

[1] Il ne faut pas se laisser tromper par l'étiquette. Les
formes pures, non mélangées, de gouvernement, sont très
rares. À part ce qui concerne la monarchie absolue. En
Angleterre, par exemple, où plus de 3 millions de citoyens
sont investis paisiblement du droit de suffrage, l'essence du
gouvernement oligarchique avant 1832, est souvent démocratique. Seulement, en raison des moyens d'influence dont
dispose le monarque, il y a là un état de choses toujours
plein de périls. Après tout, la reine Victoria est le premier...
... gouvernement constitutionnel du Royaume-Uni
Voir aussi ... constitution de l'Angleterre, à Paris,
Germer-Baillière 1888. P. 55 et 131.

ne se trompe-t-il pas, entrainé qu'il est par ses propres passions, plus nombreuses que celles du Peuple! Dans l'élection des magistrats, on voit ce dernier faire de bien meilleurs choix qu'un Prince... Pendant cette longue suite de siècles où l'on vit tant d'élections de consuls et de tribuns, il n'y en eut pas quatre dont le Peuple Romain ait eu lieu de se repentir. »(1) Aristote avait déjà fait remarquer que la multitude excelle, d'ordinaire, par sa masse même. « Chaque membre de la Communauté, dit-il, possède une certaine part de sagesse et de qualités; réunis, ils forment comme un homme gigantesque aux pieds et aux mains innombrables, avec une intelligence en proportion. »(1)

Mais surtout — et c'est-là une vérité capitale, une logique on n'a guère insisté jusqu'ici, bien qu'elle se trouve implicitement contenue dans l'indication précédente, — la Démocratie est la seule forme de gouvernement qui laisse le champ libre, d'une façon permanente, à toutes les individualités, à tous les hommes éminents, capables d'imprimer à la masse une impulsion décisive autant que nécessaire. Or, rien de sérieux ne se fait sans une direction qui donne un but aux aspirations des individus et coordonne leurs efforts. La « volonté générale » est le plus souvent déterminée par l'action d'une minorité active, — ce qui ne contredit en rien la théorie de la Souveraineté

_____

(1) Machiavel, *Discours sur Tite Live*, Liv. I. Ch. 58; ..... la multitude est plus sage et plus constante qu'un .....

(1) ..... III. 6. Cf. le Leviathan de Hobbes.

exposée plus haut. L'important est que la minorité
active soit en même temps la minorité intelligente
et honnête. C'est de cette façon, et de cette façon
seulement, que l'on peut arriver suivant la belle
expression de Gambetta, « à faire du suffrage universel qui est la Force par le nombre, le Pouvoir
éclairé par la Raison. »

En dépit des déclamations des « gens a principes »
les grands hommes sont donc au moins aussi nécessaires dans les Démocraties que dans n'importe
quelle autre forme de gouvernement. La plus admirable République qui fut jamais, l'Etat le plus
parfait qu'il ait été donné à notre espèce de con-
templer, dut cet éclat incomparable aux institutions
Démocratiques d'une part, de l'autre a Périclès.
Le réactionnaire Thucydide a bien pu dire, à ce
propos, que « si la Démocratie subsistait de nom,
on était en réalité sous le pouvoir d'un maître ; »
il appartenait à cet illustre historien, mais à ce
mauvais citoyen de calomnier à la fois et son pays
et le génie incomparable dont le nom vivra éternellement comme celui du plus grand homme d'E-
tat dans tous les temps.

Non! les principes ne marchent pas tous seuls, pas
plus que les idées; il n'y a que les naïfs, exploités
de tout temps par les habiles, qui croient encore à
ces chimères de la métaphysique Platonicienne.
L'Humanité n'a jamais réalisé un progrès sérieux
en dehors de l'action des grands hommes, qui ne
constituent point une force extérieure à l'Etat,
mais bien une force intrinsèque, immanente

aux éléments coexistant, procédant des forces
antérieures, et seule capable d'entrainer dans
la voie du progrès l'agrégation sociale dont
elle forme la partie la plus vivace. Qu'eut été la
Révolution sans les Diderot, les Voltaire et les
Condorcet pour la préparer, sans les Danton, les
Hoche et les Chaumette pour la réaliser? que serait
l'Italie sans Cavour et sans Garibaldi? Et qui sait,
après tout, ce que nous serions devenus sans Gambetta, sans le grand citoyen qui contribua le plus
à sauver l'honneur pendant la guerre, et qui, plus
tard, ramassant le faisceau des forces républicaines,
se dressa en face des conspirateurs comme le représentant, comme l'incarnation de la France et de
la démocratie et leur cria : « Vous n'irez pas plus
loin ! Il faut se soumettre ou se démettre. »

Certes, la masse entière prend sa part de la
tâche ; sans elle, sans son concours, rien n'est possible et les plus humbles ont leur rôle aussi.
Mais elle ne peut rien, non plus, — l'histoire est
là pour le démontrer, — sans les grands citoyens,
sans les « héros » qui viennent lui marquer les
étapes dans la voix escarpée du Progrès. Ces hom-
mes-là sont la force et la vitalité des peuples, qui,
sans eux, s'étiolent et périssent. Sans doute ils sont
aussi une résultante, et à cet égard, malheur aux
nations qui n'en produisent plus ! Malheur, aussi,
à celles qui les méconnaissent ! Il n'y a pas de
signe plus certain de l'épuisement d'une race.(1)

_____

(1) On connait le mot si juste de Hegel à propos du dicton : « Il n'y a pas de grand homme pour son valet de
chambre. » — « Peut-être. réplique le grand philosophe ;

Aussi bien, voilà trop longtemps que des sophistes vertueux, ou soi-disant tels, s'en vont répétant
sur tous les tons : « Le Droit se suffit à lui-même!
sois pur et *rectiligne*! · Fais ce que dois, advienne
que pourra! » et autres fadaises de même farine.
Eh! bien, non ; il ne suffit pas de faire ce qu'on
doit, il faut se préoccuper de ce qui adviendra et
préparer le succès. Nous en avons assez de ces gens
à conscience pure et constamment satisfaite, qu'ils
soient vainqueurs ou vaincus, de ces poètes toujours
prêts à déclamer sur des cadavres, « *sanguis mar-
tyrum, semen heroum*, sang de martyrs semence
de héros, » — comme si le triomphe et la vengeance
étaient jamais sortis des tombeaux! Le peuple est
saturé jusqu'à la nausée de ces maximes éner-
vantes au nom desquelles on le conduit sans cesse
à la boucherie, jamais à la victoire ; de ces aphorismes fades, soi-disant égalitaires, tout imprégnés,
en fait, de Kantisme et de Christianisme rancis.
Le temps est venu de principes plus virils, partant
plus démocratiques, et je puis proclamer, aujourd-
'hui, avec la certitude d'être compris, cette vérité
primordiale, synthèse des démonstrations précédentes :

Le Droit, la Justice, c'est l'Intérêt général ;

---

mais ce n'est pas que le premier ne soit pas un grand homme ; c'est parce que le second est un valet. » (*Loc. cit.* introduction.) Inutile d'ajouter que cette théorie de Hegel,
d'Auguste Comte et de Carlyle, n'a rien de commun avec
celles des *hommes providentiels*, propagée surtout, par
Napoléon III qui ravala ses sublimes conceptions au niveau
de celles des pauvres idiots, *pauperes spiritus*, qui voient
partout le « doigt de la Providence. »

Or, le Droit périt quand il n'a pas l'Intelligence et la Force à son service.

IV. Unité ou Fédéralisme — La Souveraineté et la Liberté

Du Fédéralisme — Les Provinces unies — La Constitution fédérale suisse et le Referendum — Les résultats du Fédéralisme aux États-Unis — Les Fédéralistes du Midi — L'Unité et la Centralisation, œuvre de la Révolution — Origine des théories relatives à l'autonomie et à la Décentralisation — Le Crime des Girondins — Influence néfaste de Proudhon — Histoire du Comité de Nancy — Le Congrès de Liège — L'Opposition libérale et l'Opposition radicale sous l'Empire — Filiation du parti intransigeant — De la Liberté et de ses formes — Comment elle se concilie avec la Souveraineté — L'Egalité et la Fraternité.

Le système du Fédéralisme se trouve naturellement condamné par notre définition de l'Etat, considéré comme formé par « la collectivité des individus et des familles, » — et non par une collection de communes, de cantons, ou « d'Etats élémentaires, » jouissant d'une autonomie plus ou moins complète. Cependant, et bien que l'on s'occupe exclusivement, ici, de l'Etat modèle, conforme aux données scientifiques, la doctrine fédéraliste mérite d'être examinée avec attention, surtout dans un temps où, grâce aux loisirs que la liberté fait à la politique, on nous sert tous les jours, accomodés à une sauce plus ou moins nouvelle, les sophismes de Kant et de Proudhon. La méthode historique

5

va encore nous édifier, à cet égard, mieux que ne pourrait le faire la plus subtile dialectique.

Rappelons d'abord que « l'Etat fédéral » est constitué par l'union volontaire d'un nombre plus ou moins considérable d'états élémentaires, souverains d'ailleurs, mais subordonnant dans certains cas leur volonté propre aux intérêts de l'union. Il y a trois grands exemples à citer : les Provinces Unies, la Suisse et les Etats-Unis d'Amérique; je laisse de côté la Ligue Achéenne, qui fut plutôt une simple confédération ou alliance des villes grecques pour résister à l'ennemi commun.

Les Provinces Unies étaient organisées, au commencement du XVIIe siècle, d'après les principes du plus pur Fédéralisme. Mais, dès lors, le snntiment général autant que les exigences du salut public tendaient à l'unité de pouvoir et de direction : l'aventure de Jean de Barneveld en fournit la preuve.

Une erreur des plus grossières et des plus répandues en histoire et en politique, est celle qui consiste à s'imaginer que des gens persécutés, massacrés pour leurs idées doivent s'empresser d'accorder, une fois vainqueurs, cette tolérance pour la conquête de laquelle ils ont souffert et combattu. Comment! voilà un peuple qui, pendant près d'un demi-siècle, a lutté pour sa liberté politique et religieuse contre l'Empire le plus puissant de l'Europe : des milliers de citoyens sont restés sur les champs de bataille, des milliers ont péri sur les bûchers et les échafauds;

et vous voulez que ce peuple accorde immédiatement toutes les franchises et tous les privilèges à
ceux qui ont tenté de l'exterminer! ces pasqui-
nades libérales n'ont point lieu dans la réalité.
Barneveld qui, au nom de la constitution fédérale
voulut s'opposer à ce mouvement qui entrainait
ses concitoyens vers une concentration légitime
de la Souveraineté, paya de sa tête sa malencontreuse tentative. Et avec justice; car on ne saurait
trop le répéter, — en politique la bonne intention n'est rien, et les fautes se transforment en
crimes, en raison des désastres qu'elles entrainent.
S'ils n'eut pas eu le cou tranché, comme Sydney,
il aurait été massacré comme Jean de Witt. Il
était voué à la mort pour n'avoir point compris
qu'au point de vue politique, la jeune République
demandait une organisation forte, l'unité et la
centralisation, et non la dissémination de la Souveraineté entre les mains des différentes provinces. La persistance du Fédéralisme eut été la
ruine à bref délai.

Pour ce qui regarde la Suisse, on peut bien
affirmer, sans médire d'un peuple voisin et ami,
que le système fédératif ne lui a pas porté bonheur. Même en laissant de côté les désastres de
la guerre du Sonderbund, on sait assez que les
tiraillements perpétuels, corollaire inévitable de
son organisation, l'ont condamnée à un immobi-
lisme dont il semble difficile de nier la réalité.
Et remarquez bien qu'à chaque Constitution
nouvelle, elle fait effort vers l'unité, qui sera son

salut un jour; mais une direction suffisamment énergique a manqué jusqu'ici. La Constitution de 1874 a bien réalisé l'unification de l'armée, et en quelque mesure, celle de la justice; malheureusement, grâce au système plébiscitaire, le Fédéralisme s'est compliqué de l'individualisme le plus déréglé, ce qui était dans la logique des choses.

Car il faut se garder de confondre nos plébiscites modernes avec ceux du peuple Romain. Ils se ressemblent en cela que tous les citoyens sont appelés à donner leur avis; mais tandis qu'à Rome l'assemblée du peuple par tribus, semblable, au nombre près, à nos assemblées délibérantes, entendait la voix de ses orateurs accrédités et votait en masse, immédiatement, et sans perdre de vue l'intérêt général dont on venait de plaider la cause devant elle, — dans les plébiscites actuels, chacun vote dans son coin et sans se préoccuper d'autres intérêts que des siens propres et de ceux de son village. « Chacun chez soi! chacun pour soi! n'appelez pas ce régime un régime démocratique : le pouvoir y est aux mains, non du peuple, non d'une collectivité, mais de l'individu, monarque absolu, irresponsable, féroce et aveugle dans son égoïsme. »(1) Grâce au système du

_____

(1) Article de la *République Française* du 14 Mai 1884, à propos du dernier plébiscite Helvétique. Les Chambres fédérales avaient décidé, entre autres choses, que nulle commune ne pouvait exiger d'un commis voyageur le paiement d'une patente pour avoir le droit d'étaler ses marchandises, — taxe dont sont d'ailleurs affranchis les voyageurs étrangers. Le 11 Mai dernier, la nation, plus rétrograde que

Referendum, le peuple Suisse s'est prononcé, le
18 Mai 1879, en faveur de la peine de mort, absolue par la Constitution de 1874 ; en 1882, il a
voté contre l'instruction obligatoire et laïque, en
rejetant la proposition du conseil fédéral tendant
à établir un corps de fonctionnaires chargés de
faire exécuter la loi. Voilà un bel exemple du
gouvernement direct du peuple par le peuple,
quand la masse des citoyens, trop considérable,
ne peut pas être réunie sur la même place publique ! quoi qu'il en soit, on accordera bien que la
Cons'.itution fédérale Suisse n'est pas un modèle
à proposer.

Quant aux Etats-Unis, il suffirait de rappeler
la guerre épouvantable qui faillit amener, il y a
vingt ans, la ruine de la République Américaine.
Mais l'histoire est assez instructive pour qu'on
s'y arrête un instant. Il est bien certain que le
Sud se souleva le jour où il lui parut impossible
d'imposer sa volonté au Nord ; il se révolta pour
conserver ses esclaves. Mais Jefferson Davis et
les Confédérés pouvaient, à bon droit, se réclamer de la Constitution. Si leurs déclamations
sur « les droits de l'homme et la souveraineté du

les Chambres, rétablit la taxe en question, à la majorité de
10,000 voix sur 350,000 votants. Cela, en vertu du Referendum (referendum ad populum), consacré par l'art. 89 de
la Constitution fédérale de 1874, et ainsi conçu : « Les lois
fédérales sont soumises à l'adoption ou au rejet du peuple,
si la demande est faite par 30.000 citoyens. » D'après l'art.
120 : « Lorsque 50.000 citoyens suisses demandent le révi-
sion de la Constitution, la question est soumise au vote du
peuple par oui ou par non. »

peuple » tournaient à la plaisanterie, ils invoquaient justement les franchises et la Souveraineté de chaque Etat.(1) D'autre part, et bien que le nègre fut aussi méprisé dans le Nord que dans le Sud, l'abolition de l'esclavage s'imposait à l'Amérique si elle voulait enfin préférer la Révolution au Christianisme et se mettre au niveau des nations civilisée de l'Europe, — qui l'a guidée sur ce point comme sur tous les autres.

Le gouvernement de Washington triompha, — au prix de quels désastres? nous ne le savons qu'imparfaitement. Si nous nous en rapportons à M. Bryant et à la remarquable préface, certainement authentique, dont il a enrichi le premier volume de la nouvelle « Histoire des Etats-Unis, » ce n'est pas seulement l'or et le sang de ses compatriotes qui payèrent le prix de la victoire; il faudrait y joindre l'honneur d'un grand nombre d'entre eux. « On s'aperçut avec surprise, dit-il, que les fraudes et les vols s'étaient accrus dans une proportion énorme, et que dans la plupart des cas, on pouvait en faire remonter les causes à la guerre même. On put croire un moment que le péculat était devenu la profession d'une classe nombreuse de citoyens. »(2) Par contre, cette guerre eut les résultats les plus heureux au point de vue de la consolidation du pouvoir central;

---

(1) Voyez Jefferson Davis, *The Rise and Fall of the Confederate government*. 1881.

(2) Bryant and Gay : *a popular history of the United States*. 4 vol, in-8, 1881. Tom I. p. 8.

l'échec du système fédéraliste et autonomiste fit sentir la nécessité de revenir aux préceptes de la saine politique, de celle qui, tout en assurant la liberté des citoyens, donne à l'Etat les moyens de favoriser le développement des intérêts communs et le progrès des institutions. C'est à cette tendance que doivent être attribués les projets formés pour accorder au gouvernement central la propriété des chemins de fer, l'administration des lignes télégraphiques et pour organiser, sur une vaste échelle, un système d'éducation nationale. En somme, et je ne veux retenir que ce fait, une République puissante mais *fédérale* et *divisible*, n'a échappé à la ruine qu'en violant outrageusement le principe fédératif, — « le salut du peuple,.... l'idée la plus haute à laquelle se soit élevé le génie politique », suivant Proudhon!(1)

Qu'on ne l'oublie pas, d'ailleurs : ces Républiques fédérales ont une excuse. Elles sont nées de la fatalité des circonstances, de l'agglomération de groupes distincts et autonomes, ayant chacun une existence propre au moment de la signature du pacte.

Mais que penser de ces théoriciens qui voudraient pousser au morcellement des Etats depuis longtemps arrivés à l'unité, comme la France ?

---

(1) *Du Principe fédératif*, p. 101 et 106. Voilà un bel exemple des aberrations de la logique pure, du raisonnement qui n'a pas pour bases l'expérience ou l'observation. Proudhon, qui écrit en 1863, au moment de la guerre de secession, ne trouve rien de mieux pour parer le coup, que d'accuser la République Américaine d'être tout imprégnée du préjugé unitaire! *loc. cit.* p. 255.

Je n'exagère rien : car voici un homme, et non le premier venu, qui déclare en propres termes que la France est « ethniquement et historiquement destinée à la Fédération. » Et même il va plus loin : « Le centre historique va se déplacer, proclame-t-il ; et des bassins de la Seine, de la Somme, il va passer aux bassins du Rhône, de l'Hérault et de la Garonne. »(¹) Ah ! je vous comprend, M. de Ricard, et par certains cotés, je vous admire. Vous êtes pareil à ces Allemands, dont parle Henry Heine, et qui en sont encore à venger sur nous la mort de Konradin de Hohenstaufen, que nous avons décapité à Naples en 1268. Vous non plus, vous n'avez rien oublié ! En vrai fils des Albigeois et des Troubadours, vous vous souvenez de cette belle langue Provençale, qui aurait pu égaler celle du Dante : de ces municipes et de ces capitoles, et de cette civilisation plus brillante qu'aucune autre, pur et splendide reflet de la grandeur Romaine ;(²) et vous vous souvenez de nous autres, les Gallo-Franks, qui vinrent vers l'an 1209 égorger vos ancêtres, raser vos villes et balayer de la face du globe la langue, la civilisation et la patrie Provençale. En vérité, je n'ai jamais pu lire votre navrante histoire sans me sentir le cœur serré :

_____

(¹) _Le Fédéralisme_, par Louis-Xavier de Ricard, 1877. p. 291.

(²) Que M. de Ricard se montre complètement incapable d'apprécier, par parenthèse : car, pour les besoins de sa cause il affirme que le génie Romain, Latin, est essentiellement fédéraliste !

elle fournit un argument décisif à jeter au nez
de tous ces déclamateurs, de tous ces marchands
de banalités qui s'en vont proclamant partout
que les persécutions religieuses ou autres n'ont
jamais servi qu'à faciliter le triomphe des persécutés. Badauds qui ne font que rabâcher inconsciemment les affirmations intéressées des écclé-
siastique, jaloux de faire croire à la victoire toute
pacifique et toute morale du Christianisme : tandis qu'ils savent très bien, ces jésuites, que leur
religion anti-humaine et anti-patriotique, infiniment trop ménagée par les Romains, n'a triomphé
véritablement que par les persécutions sans
trêve et sans merci, par les massacres, les échafauds et les bûchers qui ont déshonoré l'Europe
et la Civilisation douze siècles durant, de Constantin à Philippe II !

Quoi qu'il en soit, ne le prenez pas trop haut,
Messieurs les Fédéralistes du Midi, et n'essayez
pas de raviver les haines éteintes; ce qui serait
d'autant plus étrange, pour ne pas dire plus, que
ces haines étaient surtout attisées contre vous
par le fanatisme catholique et que vous parlez
presque tous aujourd'hui au nom de la religion
du Pape. Vous avez oublié Innocent III et ces
chiens à la gueule sanglante, les disciples de
Dominique. D'autre part, nous autres habitants
du Centre et du Nord, héritiers comme vous des
Romains, mais qui, de plus, sentons courir dans
nos veines le sang de Clovis et de Charlemagne,
nous avons très bien conscience d'une certaine

différence, d'une marque à laquelle on pourrait nous distinguer de vous. Mais, en somme, tous les républicains parmi nous, vous considèrent comme des frères, comme des Français et ils n'ont qu'un conseil à vous donner : c'est d'oublier ces vieilles histoires, et aussi votre langue — qui ne peut plus être nationale — et que ne comprendrait certainement pas Folquet de Marseille si, pour son malheur, revenu au monde, on lui donnait à lire vos rapsodies modernes, infiniment trop vantées.(¹) Étudiez pieusement votre ancienne littérature, si c'est votre plaisir, comme

---

(¹) « Un grand poète épique nous est né, dit Lamartine parlant de M. Mistral. La nature occidentale n'en fait plus, mais la nature méridionale en fait toujours! Un vrai poète homérique en ce temps-ci : un poète né, comme les hommes de Deucalion, d'un caillou de la Crau! » Quel pavé! Et comme il a fallu que M. Mistral se soit grisé de cet encens pour parler avec tant d'arrogance, et d'ignorance en même temps, des « Français qui ont pris le lyrisme, la noble énergie et la délicatesse « de leur littérature » dans les vers des Troubadours! Et qu'est-ce que « ces félibres(?) qui debout au milieu des sept nations romanes, vont préchant sans cesse la résurrection du pays » ? (Discours de Frédéric Mistral par l'obertenc di la Floureo de Mounti-Pelo, 1878). Il y a quinze ans, ces choses là pouvaient être tolérées comme « jeux innocents » ; aujourd'hui, après la guerre, c'est plus qu'inconvenant. Notez d'ailleurs que tout cela est entremêlé de légendes catholiques, et choisies parmi les plus ridicules; tactique assez étonnante de la part des gens dont les ancêtres ont été exterminés par ordre d'un pape. Mais il y a des compensations : après M. Gounod, c'est aux louanges enthousiastes des « âmes pieuses » que l'auteur de Mireille doit surtout sa popularité. Il n'est pas d'ailleurs jusqu'à M. de Ricard, qui tout en détestant le catholicisme ne se rattache au christianisme et à la vieille plaisanterie du « sans-culotte Jésus. » Allons! il n'y a pas à craindre que les Républicains du Midi se laissent jamais prendre à de pareils pièges.

on étudie d'autres idiomes éteints, et engagez ceux de vos compatriotes qui se sentent vraiment poètes à se contenter de la langue de Corneille, de Diderot et de Théophile Gautier. Dites-vous bien, d'ailleurs que la Révolution n'a pas fini de régénérer le monde, et que son centre est toujours à Paris, qui n'est pas près d'être dépossédé de sa couronne — quoi qu'on en puisse penser dans « le bassin du Rhône ou dans celui de l'Hérault. »

En attendant, il reste acquis, malheureusement, qu'à la condition de faire appel aux plus mauvaises passions et à l'esprit de clocher dans tout ce qu'il a de plus détestable, le Fédéralisme pourrait avoir quelque chance de succès dans le Midi où il est préconisé par un certain nombre d'hommes non sans talent, comme en Bretagne où il est fomenté de fait par tous les prêtres, propagateurs fanatiques du Bas-Breton. Et même, à entendre Proudhon, la France toute entière aurait bientôt fait d'accepter le système. « La tradition n'y est pas contraire, dit-il, ôtez de l'ancienne monarchie la distinction des castes et les droits féodaux : la France avec ses états de province, ses droits coutumiers et ses bourgeoisies, n'est plus qu'une vaste confédération, le roi de France un président fédéral. C'est la lutte révolutionnaire qui nous a donné la centralisation. »[1]

Proudhon exagère et nous fait la partie trop belle. La Royauté par la force des choses, grâce

---

[1] loc. cit. p. 321.

aussi à l'action dictatoriale des Louis XI et des
Richelieu, a groupé les Provinces dispersées par
la Féodalité, réuni les éléments constitutifs de la
nationalité Française et il ne m'en coûte nullement de reconnaître qu'elle a ébauché l'Unité.
Mais il est juste de dire, aussi, qu'elle l'a seulement *ébauchée* : c'est la Révolution qui l'a faite.

« La division de la France en 86 départements,
dit très bien M. de Cormeniu, effaça les démarca-
tions des Provinces, coupa les fleuves, ouvrit les
montagnes, rompit les barrières des routes, les
péages des ponts et les lignes intérieures des
douanes. On abattit les châteaux, on vendit les
fiefs des émigrés. On ne tira plus qu'une seule
monnaie du balancier des assignats…. Les antiques
Parlements s'écroulèrent, et entraînèrent dans leur
chute les Cours des comptes, les Cours des aides,
les juridictions de l'Amirauté, des Maréchaux, des
Echevinages, des Consulats, des Trésoriers de
France.

« Il n'y eut plus de Conseil des parties, des dé-
pêches, des finances, ni de grand Conseil; il n'y
eut plus que le Conseil des ministres.

« Il n'y eut plus ni pays d'Elections, ni pays
d'Etats. Il n'y eut plus que des administrations de
Canton, de District et de Département, ressortis-
sant directement du pouvoir central.

« Il n'y eut plus sur cette terre libre, de grands
et de petits vassaux; il n'y eut plus que des
citoyens.

« Il n'y eut plus de duchés de Bouillon et de

Lorraine, plus de comté Venaissin, plus de Dauphiné, plus de principautés enclavées dans notre sol, plus de royaumes dans un royaume : il n'y eut plus qu'un seul Empire, borné par le Rhin, les Alpes, l'Océan et les Pyrennées.

« Il n'y eut plus de Guienne, de Roussillon, de Languedoc, de Picardie, de Normandie, d'Alsace, de Provence et de Champagne, il n'y eut plus qu'une France, et vive la France ! »[1]

Et vive la République démocratique, une et indivisible ! puisqu'enfin c'est à la Révolution que nous devons la réalisation complète et définitive de l'unité française.

Comment comprendre après l'énoncé de ces faits incontestables, que ces grands principes de l'Unité et de la concentration du Pouvoir social, proclamés et appliqués par les hommes de la Commune et de la Convention, aient été désertés par une fraction du parti républicain, pour les entités stériles du Fédéralisme et de l'Autonomie? Les aberrations les plus étonnantes, dans le champ de la Politique, n'échappent pas à l'action des lois qui régissent l'enchaînement universel des choses, et il est toujours possible de découvrir leur filiation. Or, il a y deux causes à invoquer ici : l'une particulière, l'autre d'ordre général,

La cause d'ordre spécial n'est autre que la tyrannie des régimes monarchiques qui se sont succédé chez nous, presque sans interruption,

[1] Discours sur la Centralisation, par Timon (de Cormenin), p. 16 sq. — 1842.

depuis le commencement du siècle. Le pouvoir illégitime d'un seul, en supprimant la liberté politique, fit détester l'autorité, quelle qu'en fut d'ailleurs la source, et méconnaître même la Souveraineté légitime de la Démocratie. Des hommes animés des meilleures intentions, mais s'arrètant à une vue superficielle des choses, crièrent sur tous les tons — et crient encore — aux radicaux et aux socialistes du parti démocratique : « Mais vous voulez faire comme Bonaparte ! » En quoi ils confondaient tout simplement la Souveraineté avec le despotisme, les intérêt du Peuple et de la Révolution avec ceux d'un homme et d'une dynastie. Car c'est un des malheurs de notre temps si fertile en désastres, que les aventures Napoléoniennes, qui nous ont déjà tant coûté au point de vue de la grandeur et de l'intégrité de la Patrie, aient encore faussé dans beaucoup d'esprits les notions les plus élémentaires du Droit et de la Politique.

L'autre cause, d'ordre général, à laquelle il faut attribuer la vogue des théories rétrogrades de l'autonomie et de la décentralisation, doit être cherchée dans la disposition naturelle de certains esprits enclins au scepticisme, incapables de se rallier à une doctrine ou à un système, et pour lesquels la Liberté s'identifie avec les fantaisies de l'individualisme le plus déréglé. Chez quelques hommes moins excusables, le phénomène se produit sous l'empire des circonstances, et comme par accès, lorsqu'ils se trouvent contrecarrés dans l'accomplissement de leur volonté. Ce dernier cas fut celui des Girondins, bien que quelques uns d'entre eux paraissent avoir été pénétrés, dès le principe, des théories désastreuses qui déterminèrent, dès le début, l'Assemblée Constituante à faire des districts autant de petits états autonomes(1) Les apologistes qui ont voulu les laver de l'accusation de Fédéralisme se moquent du monde, en vérité ! Il s'agit bien de la déclaration de Caen, relative à l'unité et à l'indivisibilité de la République, lorsque depuis des mois, Brissot et ses dignes accolytes essayaient d'ameuter les départements contre la capitale;(2) lorsque le misérable Isnard prononçait ces paroles infâmes qui le clouent pour l'éternité lui et sa bande, au pilori de l'histoire : « Si la Représentation nationale était violée par une de ces conspirations dont nous avons été entourés depuis le 10 Mars, je le *déclare au nom de la République, Paris* éprouverait la vengeance de la France et serait *rayé* de la liste des cités. » Insensé qui ne comprenait pas qu'il n'y a pas plus

---

(1) Par bonheur, la Convention mit bon ordre à l'autonomie en question, qui n'eut guère le temps de porter ses fruits : aussi le pays s'est-il souvenu surtout du service rendu par l'Assemblée Constituante qui décréta l'Unité en abolissant les Provinces, remplacées par les Départements. On a oublié qu'en donnant des pouvoirs aussi étendus aux municipalités, elle préparait une nouvelle désorganisation du pays. C'est d'ailleurs sur ces funestes éléments de décentralisation que s'appuyèrent les girondins dans leur criminelle révolte contre la Révolution.

(2) Voy, Le *Patriote Français*, surtout de décembre 1792 à juin 1793. Le Fédéralisme le plus éhonté, la provocation à la guerre civile, l'appel à l'intervention armée des départements contre Paris, s'étalent cyniquement dans une foule de numéros du journal de Brissot.

de France sans Paris qu'il n'y aurait eu de Grèce sans Athènes ou d'Empire Latin sans Rome!

Dans le cours de ces trente dernières années, Proudhon fut, chez nous, le propagateur le plus acharné de ces idées fédéralistes, répudiées jusque là par tous les Révolutionnaires et les Socialistes dignes de ce nom. Ce qu'il a fait de mal, sous ce rapport, est incalculable. Un grand nombre de prolétaires se laissèrent prendre à ces théories, d'une construction si logique, en apparence, — en réalité, cousues de fil blanc, comme toutes celles qui reposent sur la dialectique pure, en dehors de l'observation.

Quoi qu'il en soit, c'est sous l'influence de ces causes diverses — tyrannie et corruption d'une part, scepticisme, ignorance et « libéralisme » de l'autre, — que parut, en 1865, le fameux projet de Décentralisation du *Comité de Nancy*. « Il existe dans cette ville, annonçait un journal, un groupe de citoyens lettrés et indépendants, qui consacre ses loisirs à l'étude et se préoccupe des choses publiques. Après des travaux locaux importants, nous lui devons maintenant un beau travail sur la décentralisation. »[1] Ce « beau travail », compilation de lieux communs sur l'individualisme et l'autonomie avec assaisonnement d'aphorismes rétrogrades, concluait à « fortifier la Commune, qui chez nous, existe à peine, à créer le Canton, qui n'existe pas et à émanciper le Département. »[2]

[1] Le *Courrier du Dimanche*, du 13 août 1865.
[2] *Un projet de Décentralisation*, Nancy et Paris, in-8°, 1865, p. 66.

Mais, comme l'écrivait le comte d'Haussonville aux membres du comité, la liste des adhérents était plus curieuse et plus instructive que la brochure. Des hommes comme MM. Carnot et Lanfrey ne craignaient pas de s'unir au duc de Broglie et à M. de Falloux pour signer des choses comme celles-ci : « Quant à servir l'Etat comme cela s'entendait à Sparte, à Rome aussi avant le Christianisme, comme le voulait Danton, qui, sous ce rapport a laissé chez nous plus de disciples qu'on ne pense, c'est abdiquer son libre arbitre, c'est adorer un être imaginaire, c'est se faire idolâtre. »!!(¹)

Trois mois après l'apparition du Manifeste de Nancy, éclatait, au Congrès de Liège,(²) la manifestation des étudiants français, réponse décisive aux élucubrations précédentes. Ces jeunes gens, persistant à vouloir servir l'Etat comme Danton et comme Chaumette, proclamaient l'union indispensable de la Philosophie matérialiste et de la Politique et, comme corollaire immédiat, la nécessité de l'unité de direction combinée avec l'emploi de la Force révolutionnaire. En exaltant l'action dictatoriale et salutaire de la Commune de 93 et le Coup d'Etat populaire du 31 Mai, les nouveaux Hébertistes ne songeaient guère à ces théories du

(¹) *Loc. cit* Voici un choix de noms relevés parmi ceux des adhérents en question : MM. Berryer, duc de Broglie, le prince de Broglie, Jules Favre, de Falloux, Garnier-Pagès, Guizot, Laboulaye, Lanfrey, de Montalembert, Mortimer-Ternaux, Prévost-Paradol, Jules Simon, Vacherot.

(²) Novembre 1865.

Fédéralisme et de l'autonomie communale, qu'ils détestaient; les intéressés ou les badauds qui, depuis, jouèrent sur les mots à cet égard, ont fait preuve de plus d'aptitude pour le calembourg que d'intelligence politique. [1]

Ce n'est pas le moment d'écrire tout au long cette histoire; mais il importait, au milieu des circonstances présentes, de retracer la filiation des partis. Il y eut donc sous l'Empire deux oppositions : l'une libérale et doctrinaire, se rattachant aux idées des hommes de Nancy; l'autre radicale, « matérialiste et athée », — comme nous disions alors, — fidèle aux traditions légitimes de la Révolution et dont les membres pensaient, suivant le mot d'un publiciste distingué, que le but de la Démocratie n'est pas d'affaiblir le pouvoir, mais de s'en emparer. Ceux-ci savaient que quelques hommes déterminés, en possession d'une idée et coordonnant leurs actes en vue de sa réalisation, peuvent imprimer aux masses une impulsion suffisante. Ce sont eux qui par leur infatigable énergie, ont rallié à la République démocratique l'immense majorité de la nation Française, *certainement indifférente ou hostile il y a quatorze ans.*

[1] Voyez G. Tridon : Les Hébertistes, 1864, et A. Regnard : *Chaumette and the Commune of 93*, dans la *Fortnightly Review;* Londres, janvier 1872. Voyez aussi mes brochures publiées en Angleterre sous le titre commun de « *Etudes de Politique scientifique* » et dont le présent travail forme la suite. La révolte du 18 Mars 1871 fut une insurrection politique pour le maintien de la République et de son unité, et non pas comme le veut l'*American Cyclopædia*, une tentative pour établir le self-gouvernement municipal à Paris.

Les chefs de l'Internationale, nés plus tard à la vie politique, se ralliaient presque tous au programme libéral et fédéraliste, d'accord en cela, et avec Proudhon, et avec les hommes du Comité de Nancy. Sous la Commune, ils constituèrent la minorité autonomiste et rétrograde de cette assemblée, et, très malheureusement ce sont eux qui donnèrent le ton à cette fraction du parti républicain connue, depuis sous la dénomination d'*Intransigeants*. Cela soit dit sans vouloir froisser l'opinion des hommes de cœur et de bonne foi qui se sont laissé prendre à l'appât de formules ronflantes, et qui reviendront sans doute à une plus juste appréciation de la réalité, lorsqu'ils auront compris que loin d'appartenir à la fraction la plus avancée du parti démocratique, ils n'en forment que l'arrière-garde. Des esprits superficiels peuvent bien prétendre que les idées doivent changer selon le temps, que l'histoire ne se repète pas, etc. etc. Mais la Raison enseigne, et la Science démontre, que le fond de la nature humaine restant le même dans une race donnée, les mêmes causes, dans des circonstances analogues, produisent les mêmes effets. Et puisqu'enfin nous sommes venus trop tard pour rien inventer en Politique, il semble naturel et logique que les démocrates aillent s'abreuver aux sources vives de la Révolution, et non dans les eaux troubles du Fédéralisme et de la Décentralisation.

« Mais, la Liberté! qu'en faites vous? » s'écrient

nos modernes *Eleuthéromanes* — par quoi j'entends
ici les « maniaques de la Liberté, » beaucoup
plus modérés, d'ailleurs, que ceux du fameux
dithyrambe, et trop préoccupés du soin de garantir les droits des prêtres et des jésuites pour
songer à leur appliquer l'énergique « formule »
de Diderot.(1) La Liberté ! mais il ne s'agit, pour
s'entendre, que de définir les termes, en se rendant un compte exact des acceptions diverses du
mot. La chose vaut la peine qu'on s'y arrête ne
fut-ce que pour dissiper les malentendus et les
erreurs entretenus par quelques uns comme à
plaisir.

La Liberté, c'est d'abord un nom magique, et
que tout le monde entend, — surtout les prisonniers et les esclaves. C'est Harmodius avec son
glaive, c'est la Plèbe au mont aventin, Tiberius
Gracchus au Forum et Spartacus à Capoue ; c'est
le Dix Août, le Vingt-quatre Février, le Quatre
Septembre : c'est la conscience, la parole et la
presse devenues maitresses d'elles-mêmes. Cette
Liberté-là, c'est la vraie, la *Liberté politique*, celle
dont il faut se soucier avant tout, et c'est à nous
autres, les « autoritaires » — comme vous dites,
— que vous la devez, toute révolution étant
nécessairement un coup de force.

Elle n'a rien de commun avec la *Liberté morale*

---

(1) Œuvres complètes, tom. IX. p. 9 de l'édition Assézat
et Tourneux. Paris: Garnier. Voyez aussi la très intéressante brochure publiée par le savant panégyriste de Danton :
Les *Eleuthéromanes* de Diderot, avec un commentaire historique. — Paris, A. Ghio. 1884.

ou Libre Arbitre, entité métaphysique chère au concile de Trente, à M. Victor Duruy et à la Sorbonne. De cette variété là, les Libéraux et Individualistes font découler toutes les autres : et avec raison, puisqu'à ces partisans de la Liberté absolue, (ils emploient volontiers cette expression), il faut pour base une conception absolue, c'est-à-dire dans l'espèce, l'idée de l'âme immortelle, émanation de la Divinité, condition *sine qua non*, du Libre Arbitre. C'est une construction dont on ne peut pas dire qu'elle pèche par les fondements, — pour parler comme Diderot, — car elle ne porte sur rien. Le temps est passé où l'on discutait ces choses-là.

Au point de vue de la Philosophie scientifique ou matérialiste, la Liberté est tout simplement l'absence des obstacles extérieurs. Celui-là est libre qui peut réaliser à sa guise les actes dont sa force et son intelligence le rendent capable. Cela se concilie très bien avec la nécessité philosophique (ou le *Fatum*), qui n'est pas moins réelle : l'homme est libre s'il peut réaliser sa volonté, la traduire en acte ; mais sa volonté est toujours déterminée par quelque phénomène antécédent, dépendante, par conséquent, de l'ordre universel des choses.(¹)

Mais qui ne voit immédiatement que dans l'État, — fin suprême de l'Evolution en ce qui concerne la nature humaine, — la Liberté se

_____
(¹) Cf. Hobbes, *Léviathan*, part. II. ch. 21. — Spinoza, Ethique, part. III. Propos. 2, scholie et commentaires.

trouve considérablement restreinte en droit ; les obstacles extérieurs se multiplient de tous côtés, — abstraction faite du despotisme qui n'a rien à voir ici — et par le seul fait de la présence des citoyens en plus ou moins grand nombre. Ce qui s'exprime d'ordinaire en disant que la liberté de chacun a pour limite la liberté de tous : formule anodine en apparence, mais qui comporte toutes les restrictions nécessaires.

Car, en définitive, il résulte de ces propositions incontestables, que l'Etat seul est complétement libre, l'Etat Démocratique s'entend ; sous ce rapport et quoi qu'on ait pu dire, il n'y a pas de différence fondamentale entre Athènes ou Rome et la République Française. Quant à l'individu, il est libre aussi, au point de vue politique, dans une certaine mesure, puisqu'il prend part, bien que d'une manière indirecte à la gestion des affaires et à la confection des lois ; mais d'un autre côté, il est soumis à ces lois mêmes, et la Liberté individuelle, incessamment limitée par le droit particulier des autres, l'est encore par les exigences de l'Intérêt général et du salut commun.

Que l'on cesse donc d'imaginer entre la Souveraineté et la Liberté un antagonisme qui n'existe pas. L'antinomie n'est réelle que dans la Monarchie et dans l'Oligarchie, où, très certainement elle ne se résout pas. Dans l'Etat parfait ou Démocratique, il n'y a pas, sous ce rapport, de thèse ni d'antithèse, mais seulement deux faces diverses du Droit, — l'individu, en tant qu'élément de l'être collectif, exerçant sa part de Souveraineté, et, comme être distinct, jouissant de la Liberté dans les limites imposées par les justes lois, promulguées en vue du bonheur de tous.

De plus, l'Egalité se trouve implicitement contenue dans les données précédentes, tout citoyen, dans une Démocratie, ayant même droit de suffrage et même devoir aussi bien que même privilège en face du tribunal et de la Loi. Il ne s'agit pas ici, bien entendu, de cette Egalité absolue — chimérique comme toute conception absolue — à laquelle les métaphysiciens de la Démocratie voudraient réduire toutes les intelligences; mais de cette Egalité de fait, seule possible et seule désirable qui « dominant même les effets de la différence naturelle des facultés, ne laisse plus subsister qu'une inégalité utile à l'intérêt de tous, parce qu'elle favorise les progrès de la civilisation, de l'instruction et de l'industrie, sans entraîner ni dépendance, ni humiliation, ni appauvrissement. »(1)

Ces notions là, du reste, étaient monnaie courante chez nos glorieux prédécesseurs et parents les Aryens de la Grèce. « Cet Etat, dit Thésée en parlant d'Athènes, n'est pas soumis au pouvoir d'un seul; il est libre. Le peuple y exerce le pouvoir d'année en année; le riche n'y a point

---

(1) Condorcet, *Progrès de l'Esprit humain*, 10e Epoque.

de privilèges et les droits du pauvre sont égaux aux siens. »(¹)

Ce qui se trouve exprimé d'une façon dogmatique dans Aristote, lorsque, mis en face de cette question des riches et des pauvres, des grands et de la multitude, le plus illustre penseur des temps anciens et modernes répond nettement : « *to d'orthon léptéon isós*, — le droit doit être le même pour tous. »(²) En vain les faux démocrates, néo-catholiques, Kantistes, et en général tous les admirateurs exclusifs des « nations chrétiennes », allèguent-ils l'esclavage. Sans doute il y avait des esclaves, à Athènes, plus heureux, d'ailleurs, qu'au temps de l'oppression catholico-féodale. Mais en somme, tout homme libre, non étranger, était citoyen ; tout individu possédant la jouissance des droits civils, avait, en même temps, celle des droits politiques. Les artisans, les ouvriers, tanneurs, armuriers etc. formaient une partie considérable de l'assemblée du peuple, dépositaire de la Souveraineté. Les admirateurs intéressés, ou aveugles, — du Moyen Age, ne contesteront pas l'autorité de Machiavel, qui vit les effets de ces temps désastreux et n'hésite pas à formuler la déclaration suivante : « Tandis que de nos jours il n'existe qu'à peine un seul pays qui puisse se vanter de posséder des villes qui ne soient point esclaves, dans les temps antiques, on trouvait dans toutes

(¹) Euripide, *les Suppliantes*, v. 403-408.
(²) Polit. III. 7.

les contrées, des peuples entièrement libres. »(¹)
La vérité est qu'il fallut quinze cents ans pour
que l'Humanité, par le grand effort de la Renaissance et le triomphe définitif de la Révolution,
ressaisit enfin ses droits, supprimés par l'Obscu-
rantisme chrétien.

Il faut en dire autant de cette vertu, de cette
qualité considérée comme toute moderne et
chrétienne, de cette bienveillance universelle en
dehors de laquelle la vie en commun ne serait
qu'un insupportable assujettissement, — en un
mot, de la Fraternité. Sinon le mot, — un peu
prétentieux d'ailleurs, — la chose est tout entière dans les chapitres 9, 10, 11 du 8ᵉᵐᵉ livre de
la Politique. Exposant la doctrine de la *Philia*,
Aristote y traite de la concorde entre les citoyens,
dans ses rapports avec la bonne organisation et
l'intérêt de l'Etat. Il est clair que le terme « ami-

(¹) Machiavel, *Discours sur Tite-Live*, Liv. II. c. 2. En
somme, il y a cette différence entre l'antiquité et les temps
chrétiens, que, dans ceux-ci, outre les esclaves ou serfs
(*servi*, le mot est le même et la chose aussi, en dépit des
catholiques et des naïfs qui les croient), il y avait de plus
oppression de toutes, ou presque toutes les personnes non
nobles, artisans, vilains etc., qui à Athènes, par exemple,
étaient les citoyens actifs d'un Etat libre. Quand les Positivistes attribuent à l'influence du régime catholico-féodal
l'émancipation successive des esclaves (*servi*) et la formation
d'une classe de travailleurs, ils tombent dans le sophisme
du *post hoc, ergo propter hoc*. Il y avait là un élan donné,
une marche acquise, et il est facile de prouver que sans
l'influence désastreuse du catholicisme, l'affranchissement
des esclaves (*servi*, toujours) n'aurait pas été retardé de
quinze siècles. Au reste, les théologiens ont toujours affir-
mé la légitimité de l'esclavage, et la catholique Espagne
est la seule nation Européenne qui le conserve encore dans
ses colonies.

tié » est tout à fait insuffisant pour traduire dans
ce cas le grec *philia*, qui correspond bien, au
contraire, au sentiment, beaucoup plus compré-
hensif, désigné sous le nom de Fraternité ou de
Solidarité. « L'Etat, — dit-il dans un autre passage si caractéristique,—consiste surtout dans le
bonheur commun des familles et des individus,
unis au sein d'une vie parfaite et libre. Cela
suppose naturellement l'unité de lieu, l'union
conjugale ; aussi les phratries et les occupations
de la vie en commun. Tout cela est l'ouvrage de
la bienveillance réciproque, de la Fraternité
(Philias) ; c'est elle qui dispose à la vie sociale
dont la fin est le bonheur. » (Polit. III. 5.)

Que les chrétiens se le tiennent donc pour dit.
Sur ce point encore, leur religion a été devancée.
Et en vérité, tout était dans le monde avant elle,
tout ! — excepté l'intolérance et le fanatisme,
odium generis humani, érigés en précepte de
la loi morale ; excepté encore la douleur universelle, la douleur et la laideur divinisées, présen-
tées au monde comme un but et comme une
perfection.

Qu'ont de commun ces dogmes sinistres avec
la bienveillance, avec la Fraternité ? La Fraternité, *Philia*! — sentiment tout humain, retrouvé
après tant de siècles écoulés, et consacré de
nouveau par la Révolution dans ces temps glorieux où, par une intuition admirable, le nivernais
Chaumette imagina de représenter l'Humanité
régénérée, sous les espèces et les apparences
d'Athéné Promachos, de la vierge du Parthénon,
— adorée une fois de plus comme la Raison et
comme la Liberté.

V. Du Gouvernement

Définition. — Les trois pouvoirs dans la Démocratie Athénienne. — Les Dikastéries de Périclès et le Jury. — L'Assemblée Représentative ou législative est l'équivalent de l'Assemblée du Peuple. — Nécessité d'une Chambre unique. — Erreurs relatives à la Constitution Anglaise. — Critique du scrutin d'arrondissement. — Le Scrutin de liste s'impose dans l'Etat Démocratique. — Le système Représentatif, et non Parlementaire, se concilie très bien avec l'unité de gouvernement. — Il ne doit pas y avoir d'autre chef du Pouvoir Exécutif que le Président du Conseil nommé par l'assemblée et révocable par elle. — L'Inamovibilité des juges est en contradiction formelle avec le principe de la Démocratie.

Le gouvernement c'est le Pouvoir social réalisé. Il est constitué par l'ensemble des citoyens chargés, au nom des gouvernés, de veiller à la conservation, à la grandeur et à la prospérité de l'Etat.

« C'est l'appareil de coordination indispensable, dit M. Pierre Laffitte. On peut le définir : la réaction de l'ensemble sur les parties. Réprimer et diriger, coordonner les coopérations diverses, voilà son but. Loin que l'Humanité tende à l'effacement, à la disparition du gouvernement, elle marche vers un idéal tout opposé, — et à son grand avantage. Car, dans l'organisme social, le gouvernement représente le cerveau, appareil de ralliement. Or, tous les physiologistes sont d'accord pour déclarer que plus un animal est élevé dans la série des êtres, plus son cerveau est développé. »[1]

(1) *Cours de Sociologie*, fait à la Sorbonne. Statique sociale, 12e leçon (21 janvier 1883).

Rien de plus propre à nous guider dans l'examen et la solution de ce grave problème, qu'une appréciation rapide des conditions du gouvernement dans l'Etat modèle, dans la République Démocratique d'Athènes. Je ferai ici un nouvel emprunt à mon ouvrage inédit, cité déjà, et relatif à l'histoire de la Politique scientifique. (¹)

« Il y a trois éléments à distinguer dans le gouvernement, d'après Aristote : 1º Le Délibératif (*to bouleuomenon pêri tòn Koinòn*); — 2º L'Exécutif (*to peri tas archas*); — 3º Le Judiciaire (*to dikadzon*) ou comme on dit aujourd'hui, les Pouvoirs Délibératif (ou Législatif), Exécutif et Judiciaire. Ce qui correspond à des idées absolument identiques dans les deux cas, n'en déplaise aux personnes habituées à faire honneur à Montesquieu de cette classification. Pénétrons dans le détail et tirons de là quelques enseignements pour le plus grand profit de nos fabricants de constitutions modernes.

« Et d'abord, le *Pouvoir Législatif*, l'assemblée générale — le Peuple, dirait-on aujourd'hui, — occupe la première place : c'est le véritable Souverain. (²) L'assemblée générale décide de la paix et de la guerre, conclut les traités, fait les lois, prononce la peine de mort, l'exil, la confiscation et surveille les fonctionnaires. Que par suite de l'etendue des Etats modernes, l'Assemblée du peuple ne puisse avoir lieu, aujourd'hui, que par

(1) *Histoire de la Morale utilitaire* et de la *Politique scientifique.* Les lignes qui vont suivre sont extraites du livre consacré au philosophe de Stagire.

(2) Aristote. Polit. IV. 14.

délégation, cela ne change rien au fond. Le principe est le même : c'est celui d'une République démocratique, en France comme à Athènes.

« Le *Pouvoir Exécutif* est celui des magistrats, ou, plus exactement, des fonctionnaires. En premier lieu vient le Sénat (Boulê) dont il faut bien comprendre le rôle dans les Républiques grecques. L'Assemblée du peuple, constituée par l'universalité des citoyens, ne pouvait évidemment siéger en permanence. Il fallait de toute nécessité un corps spécial, chargé de veiller à l'exécution des lois, à leur préparation etc. Dans les Oligarchies, c'était un Conseil formé d'un petit nombre de citoyens. Dans la Démocratie Athénienne, le Sénat se composait de 500 membres (à partir de la réforme de Klisthènes), chacune des 10 tribus en nommant cinquante. C'était, à proprement parler, un corps de fonctionnaires, ne possédant en aucune façon le pouvoir législatif, n'ayant rien de commun, par conséquent, avec les assemblées modernes désignées sous le même nom, pas plus qu'avec le Sénat de Rome. Il constituait l'un des éléments du pouvoir exécutif : j'ajoute, qu'en dehors des Etats fédératifs, ce rôle est le seul qui puisse être attribué à un Sénat dans une Constitution démocratique et dans tous les temps.

« Le Philosophe donne ensuite les plus sages conseils en vue de l'organisation des magistratures et de la distribution des charges et offices de la République. D'abord le cumul ne doit pas avoir lieu, à moins qu'il n'y ait insuffisance numérique :

certaines charges ne doivent être occupées qu'une fois; pour d'autres, l'individu pourra être rééligible au bout d'un intervalle assez long. En un mot, nous trouvons là parfaitement résumés, les préceptes destinés à servir de guide dans ces circonstances délicates où il s'agit d'attribuer à un citoyen une part de la Souveraineté.

« Quant au *Pouvoir judiciaire*, il sera constitué. comme l'exécutif, par voie d'élection ou par le sort. Il suffit de rappeler à cet égard l'admirable institution des Dikastéries de Périclès. « Elles étaient « inaccessibles à la corruption et à l'intimidation, « dit l'illustre historien de la Démocratie Athénienne; « leur nombre, leur manière de voter au scrutin « secret, l'impossibilité de connaître d'avance la « cause à juger tout cela les mettait à l'abri de « l'une et de l'autre...... En considérant leur fonc- « tionnement à un point de vue général, nous « reconnaîtrons là le système du jury institué sur « une large échelle et de la façon la plus systéma- « tique et bien propre à faire ressortir les avantages « et les défauts de ce système, mis en regard de « l'institution des cours de justice avec des magis- « trats spéciaux. » Il était nécessaire de rappeler ces paroles autorisées, pour mettre fin aux palinodies des commentateurs *ad usum Delphini*, qui n'ont cessé de patauger à ce propos en reproduisant, sans même se donner la peine de les comprendre, les mauvaises plaisanteries du réactionnaire Aris- tophane.[1]

---

[1] Voy. ma brochure « l'*Athéisme* », p. 85, en note, et Grote, *History of greece*, part. II, ch. 46.

Ces principes puisés dans l'ouvrage incomparable qui devrait être la Bible, le livre sacré de tous les hommes politiques, nous fournissent la meilleure solution du problème. Il ne reste plus qu'à préciser.

1o Dans l'Etat Démocratique à Paris comme à Athènes, *le pouvoir Législatif* ou *Délibératif* est la plus haute, la plus complète expression du Pouvoir social. Il réside dans l'Assemblée du Peuple, dans l'universalité des citoyens. Seulement au siècle où nous sommes et en raison du trop grand nombre disséminé sur un territoire considérable, ceux-ci délèguent leurs pouvoirs à quelques élus, chargés de les représenter. « L'Assemblée représentative, dit avec raison M. Freeman, est, pour un grand Etat, ce qu'est l'Assemblée primaire pour un Etat plus petit : la forme naturelle du gouvernement libre.([1]) Rousseau a formulé un sophisme de plus — et il y a longtemps que nous ne comptons plus avec lui, — en affirmant que du moment ou le peuple a élu ses représentants, il n'est plus rien, il est esclave. Certes il peut y avoir des mandataires infidèles; mais, ici comme en toute chose, l'exception n'infirme pas la règle. Il est faux d'ailleurs que la volonté générale ne puisse pas se représenter dans ses grandes lignes, dans ses tendances ; ce sont au contraire, les volontés individuelles qui ne peuvent pas être représentées, et une loi, pour être valable, n'a nullement besoin de la ratification du peuple. Et en vérité, tout cela est fort heureux :

([1]) E.-A. Freeman : *Comparative Politics*, London, 1873 p. 222.

nous avons vu plus haut comment les lois les plus radicales, promulguées par les representants légalement élus du peuple Suisse, étaient abolies par ce même peuple consulté directement, et j'ai fait ressortir à ce propos la différence complète qui sépare nos plébiscites modernes, fiction ridicule, des votes de l'Asssemblée du Peuple dans l'Agora ou dans le Forum.

L'assemblée représentative de l'Etat démocratique moderne est donc l'équivalent de l'Assemblée du Peuple dans les démocraties anciennes. Elle est la dépositaire de la Souveraineté. Il résulte de ce fait, aussi bien que des principes exposés dans le cours de ce travail, que *cette Assemblée doit être unique*. On tombe des nues quand on voit des journaux sérieux, — et des écrivains qu'on voudrait nous faire accepter comme tels — vous parler avec cette suffisance que l'ignorance seule inspire sans l'excuser, de la nécessité démontrée d'une seconde Chambre. Ils vous citent, d'un air triomphant, la Suisse et les Etats-Unis, ne prenant pas garde que la Chambre haute représente, ici les états, là les cantons ; puis l'Angleterre avec ses nombreuses colonies et tous les pays qui ont cru devoir copier plus ou moins servilement sa Constitution. Mais en vérité, c'est s'affirmer comme le plus incurable des doctrinaires que d'oser reproduire aujourd'hui les banalités ressassées chez nous depuis Montesquieu jusqu'à Prévost Paradol ; tout homme ayant étudié de près la question sait aujourd'hui que la « balance » des trois pouvoirs, —

King, Lords and Commons — est une pure mystification. La vérité est que, tantôt le Roi, tantôt les Lords unis ou non aux Communes, tantôt les Communes seules ont possédé la Souveraineté, comme je l'ai montré dans mon étude sur l'Angleterre contemporaine. [1] Voici d'ailleurs l'opinion d'un Anglais autorisé, M. W. Robertson, sur ce sujet si simple, en dépit des discussions intéressées :

« Pour ce qui regarde le système des deux Chambres, cet élément, peut-être le plus fortuit, le plus contingent dans la Constitution anglaise, est celui qu'on a reproduit le plus généralement. Il faut attribuer ce résultat en partie à l'imitation de ce qu'on regardait comme le type du gouvernement libre, en partie à la conviction où l'on était que la seconde Chambre modérerait les tendances démocratiques de la première..... Dans les colonies Anglaises, les conflits entre les deux Chambres sont d'une extrême fréquence. En France, c'est une source prévue, sinon calculée, de dangers pour la nouvelle Constitution républicaine..... La force

[1] Voyez A. Regnard, *Histoire de l'Angleterre contemporaine*. Paris, 1882. Les Communes sont seules réellement souveraines depuis la révolution de 1832. Le veto récemment opposé par les Lords à la loi nouvelle sur la Réforme Electorale est un de ces faits exceptionnels qui ne font que mettre la règle en évidence. Il y a eu un tolle général en Angleterre, comme s'il se fut agi d'un véritable Coup d'état, et la population a déjà manifesté l'intention où elle est de ne pas supporter ce qu'elle regarde comme un abus de pouvoir. Du reste, ce fait même ne se serait pas produit sans la juste déconsidération qui s'est attachée à M. Gladstone, un conservateur et un piétiste renforcé, que les circonstances et la soif désordonnée du pouvoir ont jeté tardivement dans les rangs du parti libéral.

7

réelle du gouvernement populaire en Angleterre réside dans la suprématie définitive de la Chambre des Communes. »([1]) Telle est la pure vérité. Et c'est dans le moment où les Anglais arrivent *de fait* au système d'une Chambre unique — puisqu'en somme tout dépend des Communes, — c'est dans ce moment là que des gens qui se disent éclairés viennent nous préconiser le système des deux Chambres et de la balance des Pouvoirs, le tout imité de la Constitution du Royaume-Uni !

Je n'ignore pas que Gambetta honorait le Sénat du titre de « grand Conseil des Communes de France. » En cela, comme c'était son devoir, il essayait de tirer le meilleur parti possible d'une très mauvaise situation. Cette assemblée jalouse ne trouva rien de mieux pour remercier le grand homme qui essayait de la couvrir de sa propre popularité que de préparer sa chute par le fatal rejet du scrutin de liste. Ce fut le premier triomphe du parti Libéral ou Intransigeant, et en même temps le premier coup porté à l'institution Républicaine par des Républicains, appuyés en cela, malgré qu'ils en eussent, par le parti Orléaniste.

Car, d'après les principes exposés plus haut, il est évident que l'Assemblée Nationale doit représenter avant tout la volonté générale proprement dite, c'est-à-dire l'ensemble des aspirations de tous relativement à l'intérêt général et au bonheur commun et non les volontés individuelles, c'est-à-dire les

---

([1]) Art. *government*, dans la 9e édition de l'*Encyclopædia Britannica*. Vol. XI. 1880.

préoccupations purement personnelles ou locales.

Voici, ce qui se passe, en effet, dans ces derniers cas :

« Les députés, et je n'excepte pas ceux de la plus extrême gauche se laissent invinciblement aller au débord de l'esprit local. C'est un très mauvais esprit que celui-là.

« J'ai vu tous les députés du Nord voter pour la betterave, et tous les députés des ports voter pour la canne à sucre, et j'en ai eu pitié.....

« Y a-t-il presque un seul député qui ne s'assemble, qui ne se convoque, qui ne coure les bureaux, qui ne persécute et n'injurie en quelque sorte le ministre, qui ne siège dans les conseils-géneraux, qui ne signe et ne contresigne toutes les demandes de suprématie et de priorité, qui ne se lie, ne s'engage, ne s'aliène tout entier, tête et main, action et volonté, corps et âme, pour faire passer la plus grande ligne du royaume par son petit arrondissement? Et puis ensuite tous ces députés-là qui cèdent lâchement aux supplications et aux menaces des électeurs de leur endroit, veulent qu'on les appelle députés de la France ! Allez, allez sonner les cloches de votre village, et faites-vous rebaptiser; vous n'êtes pas les députés de la France ! »(1)

Je ne connais pas de plus sanglante satire du régime électoral sous lequel nous vivons, que ces lignes, datées de quarante ans et qu'on dirait

(1) Cormenin; cité dans le n° d'avril 1842, de la *Revue Indépendante*. (Publiée par Pierre Leroux, Georges Sand et Louis Viardot.)

écrites d'hier. La seule différence consiste en
ceci : qu'au lieu de quelques électeurs à 200 fr.,
c'est la masse des citoyens qu'il faut satisfaire au
point de vue de leurs intérêts étroits et purement
personnels.

Il faut donc à tout prix se débarrasser de ce
scrutin d'arrondissement qui fait de l'élu du suffrage universel le serviteur presque exclusif de
l'individualisme le plus répugnant et qui finirait
par ruiner la République, si la République
pouvait être ruinée. Le scrutin de liste par
département s'impose comme mesure de salut
préliminaire et indispensable, comme l'unique
moyen de relever la Représentation nationale,
qui se décidera sans doute à se mettre à la tête
du pays, au lieu de se traîner péniblement à sa
remorque. Le département, qu'on le remarque
bien, est une unité toute factice, abstraite en
quelque sorte et ne répondant pas à une réalité
objective ; c'est pour cela même que la Révolution
l'a substitué aux provinces, subdivisions très
réelles, au contraire, obstacles insurmontables
en ce sens à la constitution d'un pouvoir central,
à l'établissement de la République une et indivisible. Avec des listes par département on se
rapproche autant que possible de l'unité de collège, ou plutôt, c'est bien réellement l'unité de
collège en tant qu'elle peut se réaliser pour dix
millions d'électeurs.

Ces conditions une fois remplies, on verra

que le Gouvernement Représentatif,(1) le seul
possible, après tout, dans l'Etat démocratique, est
capable de fonctionner activement pour le bien-
être de tous et pour la grandeur de la Patrie. J'ai
été moi-même pendant longtemps l'ennemi de ce
système, avec Auguste Comte, avec le grand
patriote Blanqui, aussi autoritaire que Danton;
on ne connaissait alors que le modèle fourni par
la Restauration et l'Orléanisme et l'on ajoutait
foi aux sophismes des publicistes concernant la
fameuse « balance » des trois pouvoirs. Mais
ayant vu fonctionner de près le système en Angleterre, j'ai reconnu qu'il était infiniment
meilleur qu'on ne pensait; j'ai constaté que le
premier ministre, flanqué de la majorité, était
le véritable pouvoir central et dirigeant, et d'autant plus fort qu'il lui est loisible de s'appuyer
sans cesse sur la volonté immédiatement manifestée du pays, représenté par la Chambre des
Communes. En un mot, j'affirme que l'action
d'une individualité prépondérante, sans laquelle
il ne peut y avoir de politique sérieuse et efficace
peut s'exercer dans sa plénitude par l'intermédiaire du Gouvernement Représentatif.

Mais il ne faut pas que cette action soit entravée
par l'intervention d'une seconde Chambre; car
on retombe alors dans ce système de bascule et
de compromis qui constitue le régime Parle-

(1) C'est le terme qu'il convient d'employer désormais; en
laissant de côté le mot « *parlementaire* » qui n'éveille que
des idées en partie fausses et en contradiction avec le
régime de l'unité de Pouvoir préconisé ici.

mentaire, au sens méprisable du mot. On a vu,
par l'exemple de la Convention, ce que pouvait
réaliser le Gouvernement Représe: tatif; en faisant abstraction du rôle néfaste joué par un
rhéteur sanguinaire, et en tenant compte des
nécessités terribles du moment, on peut dire que
la République Française sous la Convention a
offert le modèle idéal d'un pareil gouvernement.
C'est ainsi que nous entendons le système, en
dépit des badauds, et c'est ainsi que l'entendront
tous les Républicains éclairés, demeurés fidèles
à la tradition Révolutionnaires, à la Science et à
la Raison.(¹)

(¹) Le seul argument sérieux à présenter en faveur d'une
seconde Chambre et d'un Président de la République, ar-
més du droit de dissolution, est ce que j'appelle « l'argument
de Fructidor ». C'est-à-dire que dans le cas où le pays élirait
une Chambre des députés monarchiste, le Sénat aurait la
ressource de la balayer. Mais si le suffrage universel, ren-
voyait *comme cela est probable*, une Chambre encore plus
réactionnaire ? — Non! l'argument est illusoire, décidément.
Un pareil fait ne pourrait se produire que dans les vingt ou
trente premières années de la République, c'est-à-dire
avant la consolidation définitive. Or, tant que la République
ne sera pas consolidée par le fait de vingt ou trente ans
écoulés, *je défie qu'on trouve dans l'armée, des Hoche et
des Augereau, avec une majorité d'officiers républicains,
pour prendre part, comme il le faudrait dans ce cas, contre
les élus du suffrage universel.* C'est le Sénat et le Président
qui sauteraient, cela ne fait pas l'ombre d'un doute. J'ai
rappelé plus haut quel serait le devoir des citoyens en pareil cas. Mais, en attendant que le Sénat disparaisse, avec
la consolidation et le perfectionnement du régime actuel, il
importe que ses attributions soient diminuées peu à peu au
point de le rendre inoffensif. Il est incroyable pour le dire
en passant, que l'on tolère son intervention dans la fixation
du budget. En Angleterre, les Lords n'ont rien à voir dans
la loi de finance.

2° Le *Pouvoir Exécutif* est exercé par le Président du Conseil des ministres formant la commission exécutive. J'ai réduit à sa juste valeur la théorie surannée de la balance des pouvoirs; le principe de la « séparation des pouvoirs », bon à invoquer dans une monarchie, où il s'agit de prendre le plus de garanties possible contre le bon plaisir du roi, n'a ni raison d'être ni réalité dans une Démocratie, où le Pouvoir Exécutif apparaît très-nettement comme une émanation directe du Pouvoir Législatif. Pour les raisons déjà indiquées, il doit être délégué par l'Assemblée des Représentants du Peuple et non directement par le Peuple lui-même. Cela n'empêche d'ailleurs que le chef du Pouvoir Exécutif n'ait son action propre, et d'autant plus efficace qu'il se trouve sans cesse appuyé, comme je l'ai dit, par les manifestations de la volonté générale représentée par l'Assemblée.([1])

Il ne s'agit pas d'utopies; le système préconisé ici, je le répète, est celui qui fonctionne actuellement en Angleterre, en mettant à part la fiction de la « Couronne » — fiction qui peut certaine-

<hr/>

Le moyen le plus pratique et le plus simple de hâter la disparition du Sénat, consisterait à n'y envoyer désormais que des républicains pénétrés des idées qu'on vient d'exposer, afin de constituer au sein de la seconde Chambre, une majorité hostile à l'institution même.

([1]) Puisqu'il n'y a pas de dissolution possible, il est bien entendu, que la durée de chaque assemblée ne doit pas excéder quatre ans. C'est là un maximum qu'il ne faudrait dépasser à aucun prix et à moins de circonstances exceptionnellement graves, telles qu'une guerre étrangère.

ment devenir gênante à un moment donné —
mais dont nous n'avons pas à nous préoccuper,
fort heureusement pour nous.([1]) Quant à l'application pratique, il suffira d'insérer, dans notre
prochaine constitution revisée, l'article suivant :

Le Chef du Pouvoir Exécutif est élu par
l'Assemblée Nationale ; il prend le titre de Président du Conseil des ministres. Il est élu pour un
temps illimité, Il est toujours révocable. Il
nomme et révoque les ministres.

En reproduisant ici le texte même du fameux
amendement Grévy, je n'ai nullement l'intention
de me livrer à une satire rétrospective et ridicule ; l'homme propose et, trop souvent, les
événements disposent. Je me sers simplement
d'une rédaction très précise et due à la plume
d'un citoyen qu'on n'a certes jamais considéré
comme un démagogue ou un anarchiste. Le Chef
du Pouvoir Exécutif jouira du reste de toutes les
prérogatives et de tous les honneurs attribués
actuellement au Président de la République ; il

([1]) Le secret du mécanisme de la Constitution Anglaise,
dit le distingué W. Bagehot, est tout entier dans la fusion
presque complète des deux Pouvoirs, Exécutif et Législatif.
D'après les théories exposées dans tous les livres, l'excellence
de notre Constitution serait due à la séparation complète
des autorités législatives et exécutives ; mais, en fait, son
mérite consiste surtout dans leur rapprochement intime. Le
lien qui les unit est le *Cabinet*. Par ce terme nouveau nous
désignons un comité choisi dans le corps législatif pour
constituer le pouvoir exécutif. Il choisit pour ce comité, le
plus important de tous, les hommes dans lesquels il a le
plus de confiance. Il ne les choisit pas directement, il est
vrai, mais il est presque tout puissant pour les choisir
indirectement. »

habitera l'Elysée, recevra les ambassadeurs etc.,
etc. Qu'on le décore, si l'on veut, d'un titre plus
retentissant : qu'on l'appelle Consul, Directeur,
Président de la République, — je n'y vois nul
inconvénient. On n'honorera jamais trop le citoyen qui incarne momentanément, dans sa personne, la majesté du Peuple Français.

3° L'organisation du *Pouvoir judiciaire* est
d'une simplicité extrême dans la Démocratie.
Certaines fonctions, plus faciles à remplir, doivent être exercées par chaque citoyen; de même
que tous sont soldats, il faut que tous puissent
être juges. Seulement dans ce dernier cas, en
raison du nombre plus restreint, on procède par le
tirage au sort — comme à Athènes. Il ne s'agit
pas de rêveries; que l'on songe à nos cours
d'assises dans lesquelles le vrai juge, en définitive, c'est le juré. Ces douze hommes véritablement tirés au sort et siégeant dans le tribunal,
disposent de la vie et de l'honneur de leurs
concitoyens, de leurs pairs; le magistrat qui
préside n'a pas voix délibérative. Il faut que
l'institution du jury soit généralisée, étendue à
presque tous les cas, comme en Angleterre.

Quant aux magistrats, agents spéciaux, nécessaires pour diriger les débats, ils doivent être
choisis par le Pouvoir Exécutif et demeurer
toujours révocables. Le Pouvoir judiciaire ne
pourrait être délégué à l'élection que par l'universalité des citoyens, ce qui est matériellement
impossible dans les États modernes.

Du reste, l'expérience a suffisamment fait connaître les tristes résultats de l'élection des juges par leurs justiciables sous l'empire de la Constitution de l'an III. « Qu'arrive-t-il alors? s'écriait M. Jules Roche dans un remarquable discours prononcé à la Chambre des députés. C'est que le Pouvoir Exécutif lui-même a beau donner des ordres, envoyer des circulaires, adresser exhortations sur exhortations : tout cela est inutile dans les pays où la révolte est partiellement organisée. On est plus fort que la loi, que le gouvernement, que l'assemblée qui réprésente la nation tout entière; on résiste, on est en présence des émigrés, des prêtres, de ceux qui pillent, qui assassinent les républicains. »(1)

Quant à l'inamovibilité des juges, c'est encore un de ces artifices à l'aide desquels on cherche à s'abriter contre le bon plaisir du maître dans les Monarchies, mais qui n'ont pas de raison d'être dans une Démocratie. Sous ce dernier régime, les citoyens ont bien plutôt à se préoccuper des garanties à prendre contre les magistrats; on y arrive par le droit de révocation, dont le Pouvoir Exécutif ne doit pas craindre d'user à leur égard. Les écrivains qui en sont encore à préconiser chez nous l'inamovibilité des juges, se trompent de lieu et de date.

C'est à dessein que j'ai laissé de côté la Constitution des Etats Unis, copiée tout entière sur le

(1) Voy. dans le *Journal Officiel*, la mémorable discussion sur l'élection des juges, en janvier 1883.

modèle de celle de l'Angleterre, dans un temps
où l'on croyait encore à la légende de la « balance » des Pouvoirs, où, d'ailleurs, le Pouvoir
Exécutif, représenté par le roi, jouissait encore
de prérogatives disparues depuis. Cette Constitution d'une République Fédérale, compliquée
du *veto* et autres engins empruntés à l'arsenal
du Parlementarisme, n'a rien de commun avec
l'organisation d'une République digne de ce
nom, c'est-à-dire démocratique, une et indivisible.

VI. Applications des Principes précédents.

C'est au nom de la Philosophie Matérialiste,
— c'est-à-dire de la Science elle même considérée
dans son ensemble — que les principes ci-dessus
ont été déduits et exposés. Cette philosophie est
en mesure, dès aujourd'hui, de prendre en main
dignement la direction des affaires humaines,
étant donné d'ailleurs qu'elle s'identifie avec la
Révolution, qui, prise au sens le plus large et le
plus élevé, n'est que la synthèse du Progrès possible, la formule sociale de la Science Des gens
bien intentionnés, mais influencés par des considérations sentimentales beaucoup plus que par
la réalité, sont venus déclarer qu'une ère nouvelle était née et ils l'ont appelée « Révolution
sociale ». Révolution sociale, soit ! Mais pour
mon compte, je n'en connais pas d'autre que

celle qui a été inaugurée à Paris le 5 Mai 1789, a été consacrée le 20 Brumaire an II dans le temple de la Raison et a terminé sa première phase en germinal, avec Danton et la Commune de Paris, guillotinés par Robespierre. Elle figure désormais dans l'histoire du monde, ai-je écrit ailleurs, [1] au même titre que la Renaissance — je ne dis pas « que le Christianisme » — car elle est venue détruire, précisément, le système de féodalité et d'esclavage universel, fondé sur les dogmes de Paul et de Jésus.

Puisque donc on parle ici au nom de la Raison, c'est-à-dire de la vérité démontrée, il semble qu'il ne doive exister aucune divergence parmi les adeptes de la Méthode Scientifique; et, en réalité, il n'en existe pas.

Mais, immédiatement, on objecte le nom de M. Herbert Spencer, et, bien que l'objection ne soit pas sérieuse au fond, elle mérite pourtant d'être réfutée, en raison de l'importance qu'on attache aux travaux de cet écrivain, considéré généralement, mais à tort, comme un philosophe tout à fait émancipé. Avant de passer en revue quelques applications des principes de la Politique scientifique, il est bon de déblayer le terrain de la façon la plus complète.

Réfutation
de M. Herbert Spencer.

Je pourrais me contenter de citer son nom

[1] A. Regnard, *La Révolution Sociale*, p. 6. Londres, 1876.

et son opinion, en reniant ce transfuge du
Positivisme qui, n'ayant pas voulu se rallier
franchement au Matérialisme, n'a pu aboutir, en
conséquence et malgré ses prétentions, qu'à
l'élaboration d'un système incohérent, à une
œuvre sans nom. Peu nous importe en effet, qu'il
se déclare contre le Libre-Arbitre et pour la
théorie de l'Evolution, si ses conclusions sont
réduites à néant par sa philosophie première,
par l'admission d'une Cause inconnue, d'un
« Unknowable » d'un « Pouvoir au-dessus de
nos conceptions ». Il le dit en propres termes :
« Et tandis qu'il nous est prouvé que nous ne
pouvons rien connaître que de relatif, ces mêmes
conditions de notre pensée imposent à notre
conscience la nécessité de l'idée d'un Etre Absolu. » Ce qui ramène tout simplement dans le
champ de la philosophie, l'hypothèse du « Vieillard », du Dieu des bonnes gens, — et des
autres ! — avec cette circonstance aggravante que
la formule prend une certaine tournure scientifique qu'elle n'avait pas auparavant. Je n'exagère
rien, et la preuve, c'est que nombre de savants,
se mettant à la remorque de M. Herbert Spencer,
ont trouvé moyen d'accomoder la théorie de
l'Evolution à une sauce métaphysique et déiste
dont cet auteur leur avait relevé le secret. M.
John Fiske, un Américain, a tiré de la Philosophie
première de M. Spencer, une religion nouvelle
et complète, qu'il a baptisée du nom de *Deisme
cosmique* (1)

_____

(1) *Outlines of cosmic philosophy, based on the doctrine
of Evolution.* 1874.

Mais, sans insister sur cette fin de non recevoir, il est très facile de réduire à leur juste
valeur, les arguments que l'auteur des « Principes
de Sociologie » prétend tirer de la doctrine de
l'Evolution, pour appuyer son libéralisme de
doctrinaire. Le professeur Huxley a exposé en
quelques lignes précises les principes de ce Libéralisme, dans un article très remarqué dans le
temps et publié à l'occasion de la grande et
salutaire loi qui instituait l'instruction obligatoire
en Angleterre.

« Il ne s'agit pas seulement pour ces libéraux,
disait le savant biologiste, de la loi sur l'Education;
ils confondent dans la même réprobation les lois
sur la vaccine obligatoire, sur les maladies conta-
gieuses et en général toutes les mesures relatives
à la santé publique; toutes les tentatives, de la
part de l'Etat, pour empêcher les falsifications,
pour réglementer les professions insalubres; toute
intervention législative ayant quelque rapport,
direct ou indirect, avec le commerce, comme pour
ce qui regarde la navigation, les ports, les chemins de fer, les routes et les postes; toutes les
tentatives faites pour favoriser l'extension et la
vulgarisation des connaissances par l'installation
de corps enseignants, de jurys d'examen, de
bibliothèques, etc. D'après eux, on ne devrait pas
dépenser un shilling du trésor pour l'entretien
d'un parc ou d'un jardin public, pas même douze
sous pour venir en aide à ceux qui meurent de
faim ou pour soigner les malades. Et leur argument tient en deux lignes; ils prétendent que

l'État n'a qu'un droit, celui de protéger les citoyens contre toute agression. C'est un simple agent de police qui n'est là que pour empêcher le vol et l'assassinat et pour faire exécuter les contrats. D'après ces vues, la vraie forme de gouvernement n'est ni une monarchie, ni une démocratie, ni une aristocratie ; c'est une *astynomocratie*, un gouvernement de police ou de simple protection. »[1]

Remarquez bien que M. Herbert Spencer, pour soutenir ces vues anti-scientifiques et, partant, rétrogrades, se fonde sur deux arguments. D'abord, sur l'identité qu'il établit entre le corps social et les organismes proprement dits : ensuite, sur la théorie de l'Évolution.

Pour ce qui est du premier fait, même en admettant l'identité complète, — ce qui est une exagération manifeste, — on a déjà fait voir que dans l'organisme animal il y a une autorité et une direction, dont le siège est concentré dans les centres nerveux.[2] « La vérité, dit le célèbre naturaliste cité précédemment, est que le souverain pouvoir du corps pense pour l'organisme physiologique, agit pour lui, et tient les éléments qui le composent sous un joug de fer.... que si cette autorité vient à être mise en question, c'est la mort, ou cette mort partielle que nous appelons paralysie. Si donc, il faut attacher quelque importance à l'analogie établie entre le corps politique

[1] *Administrative Nihilism*, dans la *Fortnightly Review* de Novembre 1871.

[2] Voy. plus haut p. 44. sq.

et le corps physiologique, elle me semble être toute entière en faveur d'un accroissement de l'action gouvernementale. Mais, en dépit de la tentation, je ne veux édifier aucun argument sur cette analogie, si curieuse et, à beaucoup d'égards, si exacte qu'elle soit ; car elle laisse dans l'ombre une certaine différence profonde et essentielle, entre les organismes physiologiques et politiques. »

Voilà pour la première affirmation de M. Spencer. Quant à la seconde, celle qui a trait aux conséquences tirées de la théorie de l'Evolution, elle n'est pas plus sérieuse. Elle se résume dans ce fait, à savoir : que tout s'est développé spontanément, dans le cours du temps et par la force des choses. Par exemple, il n'y a pas eu de conseils tenus par les sauvages pour inventer le langage et les parties du discours. »[1] Et, d'autre part, « si un progrès sérieux dans le développement du bien être général ne peut s'effectuer qu'à la suite d'une lente évolution qui le réalisera certainement, pourquoi nous en préoccuper ? »

Pourquoi, en effet ? Il vaut mieux reconnaître la vérité, ajoute M. Spencer. Oui, sans doute ; mais encore n'est-il pas mauvais, comme le fait remarquer le professeur Cairns, d'examiner la chose de près et de se demander si c'est bien réellement « la vérité. »

Or, premier point : pour ce qui concerne la doctrine aussi optimiste qu'énervante du progrès fatal et continu, il s'agit là d'une erreur complète,

[1] H. Spencer, *Essays*, vol. III, p. 129.

et universellement reconnue comme telle aujour-
d'hui. Je pourrais me contenter de faire allusion
à la grande catastrophe finale, à la disparition de
notre globe qui, ayant eu un commencement aura
nécessairement une fin; la Raison l'enseignait, et
ces génies immortels ces deux grands poëtes athées
Lucrèce[1] et Shakespeare, [2] l'avaient annoncé
déjà; la Science le démontre aujourd'hui. Mais en
restant dans le domaine des faits, il est facile de
montrer que le Progrès n'est, en aucune façon, une
règle universelle. « L'état stationnaire est la condition générale de l'Humanité. dit le savant professeur d'Oxford, Sir Henry Maine; le progrès est
l'exception..... Il est incontestable que la plupart
des peuples n'ont jamais manifesté le moindre désir
de voir leurs institutions améliorées, depuis le
moment où elles ont été consacrées positivement
par leur inscription dans des archives permanentes
quelconques »[3]

Voyez les Chinois, par exemple. Certes, je ne
voudrais pas faire de peine à l'aimable colonel
Tcheng-Kitong,[4] — bien qu'il se moque du monde
et de la vérité avec un peu trop de sans-gêne, —
et j'accorde que ses compatriotes connaissaient la
boussole avant l'ère vulgaire et l'imprimerie dès le
Xme siècle. Mais je me demande quel bénéfice en est
résulté pour eux-mêmes et pour l'Humanité depuis

[1] De Natura Rerum, II, v. 1120-1130.
[2] The Tempest, Act. IV. sc. 1. v. 151-156.
[3] Ancient Law, p. 22-24.
[4] La Chine et les Chinois, XVIII. Paris, 1884.

8

tantôt deux mille ans. Et n'ont-ils pas fait preuve,
dès maintenant, de leur incapacité à réaliser de
nouveaux progrès? J'entends bien que cet état
stationnaire est une condition de longévité; il en est
de même dans le règne animal, pour les coraux et
pour les foraminifères. Mais, en vérité, quel homme
sensé n'aimerait mieux avoir été un membre de
cette démocratie athénienne qui vécut en moins de
deux siècles, la vie d'un grand Empire et fournit
au monde une moisson de grands hommes telle
qu'on n'en verra jamais de pareille — plutôt qu'un
de ces quatre cents millions de Chinois qui, depuis
sept ou huit mille ans peignent les mêmes magots
sur les mêmes tasses de porcelaine?(1)

Au surplus, M. H. Spencer a oublié dans cette
discussion, que la doctrine de l'Evolution ne rend
pas seulement compte du développement des êtres
et des espèces, mais encore de leurs transformations,
de leur décadence et de leur mort. Il a oublié enfin,
que même chez les races les plus remplies de vitalité et non arrivées encore à leur plus haut degré
de développement, il peut se produire des périodes
de stagnation, des reculs même, et des plus désastreux. On a déjà cité plus haut l'exemple du

(1) Je laisse de côté les Papous et les Australiens, en
voie de décadence et de rétrogradation manifeste. A ce propos, je ne saurais trop admirer l'inconséquence de l'Ecole
Positiviste qui faisant si bon marché de l'égalité des individus, accuse les Matérialistes de dureté parce qu'ils ne
croient pas à l'égalité des races humaines! Mais en vérité,
les théories les plus subjectives, les plus humanitaires — en
apparence — ne sauraient aller contre la réalité des faits
démontrés. Du reste, c'est là encore un des tristes effets de
la manie du « Catholicisme » sur l'esprit du fondateur.

Moyen Age,([1]) il suffit ici de rappeler le nom de Condorcet déclarant que « le triomphe du Christianisme fut le signal de l'entière décadence et des sciences, et de la philosophie. ([2])

En second lieu, M. Spencer tombe dans une erreur non moins colossale, lorsque pour soutenir sa théorie du *Laissez faire*, il nous rappelle que les sauvages des temps primitifs n'ont pas tenu conseil pour élaborer le développement du langage. Sans doute l'apparition et le développement des êtres s'explique d'une façon adéquate par la doctrine de l'Evolution ; il n'y a plus aujourd'hui que les élèves des « Frères » qui croient encore à la légende du Dieu barbu et à la création du monde en six jours.

Mais si les êtres, avec leurs facultés diverses se sont développés spontanément, suivant des lois nécessaires, sans direction et sans but, le processus a fini par se compliquer en ce qui concerne le dernier point. Un moment est venu où l'individu a eu conscience de lui-même, et où la Volonté, — déterminée assurément, mais peu importe ! — est intervenue activement, agent très réel et naturel aussi, dans le développement ultérieur des êtres. Certes tout est soumis à la Fatalité ; mais la Volonté aussi, — je ne dis pas le Libre Arbitre — joue son rôle dans l'ordre nécessaire des choses. Peu à peu, dans la longue succession des temps, on voit s'éveiller, non

([1]) P. 22.
([2]) *Progrès de l'esprit humain.* 5me époque.

seulement la conscience de l'individu, mais
encore celle de l'Etat; et c'est là justement —
bien que M. Spencer ne paraisse pas s'en douter,
— le degré suprême, le plein épanouissement
de l'Evolution humaine. Non! aucun sauvage n'a
décrété la formation des langues : mais la personnalité et la volonté d'un Alexandre ont imposé
la civilisation grecque, pour leur plus grand
avantage, à l'Egypte et à l'Asie. Oui! l'Etat s'est
développé d'abord d'une façon inconsciente et
sans idées préconçues de la part des individus :
mais la République Romaine, personnifiée dans
ses grands citoyens soutenus par tout le peuple, a
poursuivi, avec pleine conscience, la conquête et
l'heureuse assimilation de presque toutes les
nations connues.

M. H. Spencer est forcé, du reste, de reconnaître à la fin de sa *Study of Sociology* (1)
« qu'il faut bien compter avec les idées et les
actions des individus, qui sont des facteurs, des
éléments naturels, surgissant dans le cours de
l'Evolution. » Mais s'apercevant que cet aveu
suffit à ruiner sa théorie, il s'empresse d'ajouter,
sans raison aucune, que si le progrès et le développement des organismes physiologiques et
sociaux peuvent bien être entravés et troublés,
ils ne sont pas susceptibles d'être favorisés par
des procédés artificiels — entendez par l'intervention spéciale de la volonté humaine. Voilà le
degré d'aberration auquel arrive ce philosophe

(1) Londres, 1873.

subjectif, cet étonnant historien qui met partout ses idées préconçues à la place de la réalité des choses. D'après ces vues, Olivier Cromwel n'a pas joué un rôle prépondérant dans la fondation de la République et de la grandeur Anglaises; et la Révolution française n'a pas été sauvée par l'énergie de cette poignée d'homme réunis à Paris sous le nom de Convention, et agissant contre la volonté des neuf dixièmes des Français, naturellement monarchiques en vertu de l'habitude invétérée.

Ai-je besoin de faire remarquer que tous les grands naturalistes, c'est-à-dire tous ceux qui savent s'élever à des vues philosophiques et ne restent pas confinés dans les horizons étroits de la science de détail, que les Huxley, les Haeckel, les Büchner[1] sont en contradiction formelle avec M. Herbert Spencer à propos de ces considérations empruntées à la Biologie, qui cependant, n'a pas été, pour lui comme pour ces illustres savants, l'objet d'une étude particulière et constante. Mais en voilà plus qu'il n'en faut pour ruiner l'argumentation sans bases de ce compilateur laborieux en faveur de la théorie antiscientifique des individualistes et des *Libertaires*. Et ainsi se trouve établie d'une façon définitive la doctrine matérialiste et socialiste du Droit public et de l'efficacité du Pouvoir social représenté dans la Démocratie par le gouvernement, pour favoriser et accélérer le Progrès, tout en

(1) Voyez *L'Homme selon la Science*, p. 230 sq.

écartant les causes possibles de décadence et de destruction.

Nous pouvons, maintenant, sans craindre les contradicteurs, montrer l'application de ces principes, à propos des faits les plus importants de la Politique.

La Liberté de la Presse,
la Liberté de réunion et d'association.

La Presse et la Parole doivent être entièrement libres, non pas en vertu de je ne sais quel droit imaginaire dérivé de « l'état de nature », mais parce que ces libertés comportent le développement et l'exercice des facultés intellectuelles, et constituent ainsi l'élément le plus solide du bonheur de l'homme. « Les livres, dit en termes admirables le grand Milton, ne sont pas réellement des choses inanimées : ils renferment en puissance une énergie vitale aussi active que l'intelligence même dont ils sont la progéniture. Autant tuer un homme, ou peu s'en faut, que tuer un bon livre. Celui qui tue un homme, tue une créature raisonnable; mais celui qui détruit un bon livre, tue la Raison elle-même. »[1]

Dans cette antiquité Grecque, à laquelle il faut toujours se reporter quand on a besoin d'un modèle, ces vérités étaient monnaie courante. « Ne pas pouvoir dire ce qu'on pense, s'écrie un personnage d'Euripide, c'est le cas d'un esclave. »[2] Platon, il est vrai, voulait qu'on empêchât

[1] Milton, *Areopagitica*, Londres, 1644.
[2] *Les Phéniciennes*, v. 392.

les poëtes de dire du mal des Dieux ; mais ce grand chef de l'Ecole Spiritualiste, ce digne précurseur de l'évangile de Saint-Jean, n'a vraiment de grec que la forme, que le style admirable. Au fond, comme tout spiritualiste conséquent, il est contre la Démocratie, contre la Science et contre la Justice. Mais ses théories Lacédémoniennes et, partant rétrogrades, en dépit de son Communisme, ne pouvaient lui attirer que le mépris des Athéniens ; elles contribuèrent certainement à la perte de son maître Socrate, qui mérita en partie son sort, autant par son attitude insolente en face des juges légitimes que lui donnait le pays, que par sa liaison criminelle avec un de ces « trente tyrans » qui se baignèrent dans le sang des meilleurs citoyens. (1)

Il appartenait aux chrétiens, — après avoir massacré impitoyablement les païens, les juifs et les hérétiques, coupables de ne pas penser comme eux — de formuler la première loi relative à l'établissement d'une censure, pour protéger la religion établie et les intérêts de l'Etat. Alexandre VI Borgia, fut le digne auteur de cette première mesure, édictée dans la bulle *Inter multiplices*, en date du 6 juin 1501.

La Révolution a fait tomber, après trois siècles, les barrières élevées par l'esprit Sémitique contre

---

(1) Voyez le très intéressant mémoire de Fréret, sur les *Causes de la condamnation de Socrate*. (Hist. de l'acad. Roy. des Inscriptions et Belles-Lettres, tom. 47, p. 229). Il y a plus d'un siècle que nous avions soulevé et presque résolu toutes ces grandes questions !

la libre expansion de la pensée. Dans l'Etat démocratique, la presse et la parole doivent être, je le répète, entièrement libres; je ne dis pas *absolument*, ce qui ne pourrait manquer de nous conduire à des conclusions absurdes. Mais elles sont complétement libres quand elles sont soumises aux seules restrictions, précises et non arbitraires, résultant du droit de liberté inhérent à chaque individu. Ces restrictions ont trait, dans l'espèce, à la diffamation en ce qui concerne la vie privée; car je ne saurais en aucune façon partager les idées du libertaire Emile de Girardin à cet égard et j'approuve fort la jurisprudence des cours de justice anglaises, qui condamnent à de très fortes amendes les délinquants.

Pour ce qui concerne la Liberté d'association, elle doit être entière aussi, c'est-à-dire limitée uniquement par le droit et la liberté de chacun. Seulement, il y a ici une considération d'ordre plus grave et sur laquelle il ne me paraît pas qu'on ait insisté; c'est qu'en raison de la nature même de ce droit, son plein exercice peut aboutir à la formation d'une sorte d'Etat dans l'Etat, — ce qui ne doit jamais avoir lieu. Que dans les Monarchies ou dans les Républiques oligarchiques, les citoyens essaient de constituer de telles associations pour arriver au renversement de la Tyrannie, rien de plus louable; dans un Etat Démocratique, où tous les citoyens dignes de ce nom n'aspirent qu'à la conservation du gouvernement issu de tous et agissant au nom de tous, il n'y a pas de place pour de pareilles combinaisons. Les seuls partis monarchiques, unis sous les auspices de l'Eglise, qui leur communique une force très réelle et très dangereuse, peuvent avoir intérêt, ici, à coordonner des associations plus ou moins nombreuses, dirigées contre l'Etat lui-même; pour cette raison, et pour d'autres qui seront exposées plus loin, toute association religieuse peut être interdite, et doit, en cas de tolérance, être rigoureusement surveillée.

En résumé, la liberté de la Presse, qui est la plus précieuse, est aussi celle qui doit être la plus complète. Qu'on le remarque bien, d'ailleurs; quoiqu'il s'agisse du droit, pour chaque citoyen, d'exprimer sa pensée, cette liberté est d'ordre général et commun, beaucoup plus que d'ordre individuel. Que Diderot et Voltaire soient bâillonnés, ce ne sont pas seulement ces deux grandes individualités qui sont en cause : c'est la Patrie, c'est l'Humanité toute entière qui se trouvent atteintes dans leur intérêt le plus vital.[1] C'est parce que la Pensée est le patrimoine de tous, que la Liberté de penser, d'écrire et de parler, constitue le plus entier et le plus imprescriptible

---

[1] Seul l'état de guerre peut autoriser la suspension de la liberté de la presse, suspension momentanée, d'ailleurs, et qui doit prendre fin avec le péril. Le gouvernement insurrectionnel du 18 Mars, agissant au début sous l'influence des idées libérales et autonomistes (intransigeantes, dirait-on aujourd'hui), commit une faute impardonnable en se laissant insulter dans les journaux : quand vint[es] ses mesures rigoureuses d'ailleurs mal prises, il était trop tard.

de tous les droits.

La Liberté individuelle

C'est la liberté pour chacun d'aller et de venir, de choisir sa profession, de vivre à sa guise dans son domicile etc. Elle n'existe réellement que dans l'Etat démocratique, où nul ne peut être emprisonné que par ordonnance de justice, et jugé que par ses pairs.

Mais cette sorte de liberté, d'ordre surtout physique, est celle qui se trouve soumise dans certains cas, et en raison de sa nature même, aux restrictions les plus considérables. Dans le cas de maladie contagieuse, comme le choléra, par exemple, elle peut se trouver réduite au minimum. Car le gouvernement a non seulement le droit, mais le devoir de prendre les mesures les plus draconiennes pour empêcher la propagation du mal; ce droit peut aller jusqu'à l'établissement, autour de la première ville contaminée, d'un cordon sanitaire, avec ordre aux troupes de tirer sans merci sur tout individu essayant de le franchir. En dépit de l'affirmation de certains corps, plus bruyants que savants, il est absolument certain étant donné la nature contagieuse du choléra — que la formation d'un cordon sanitaire *maintenu rigoureusement*, autour de la première ville infectée, arrêterait la propagation du fléau.[1]

___

[1] On a dit que ces cordons ne servaient le plus souvent qu'à faciliter l'extension de l'épidemie. Je ne dis pas non: cela prouve tout simplement qu'il n'y avait nulle exactitude et nulle rigueur dans l'exécution de la mesure et je prétends que ces conditions de rigueur et de précision peuvent être remplies.

Je sais de braves gens qui prétendent que, dans des cas de ce genre, la liberté individuelle n'est pas violée, parce qu'il s'agit surtout de préserver la vie et la liberté des autres ! Ne disons pas, si vous voulez, qu'elle est violée, — puisque la mesure est légale; — contentons-nous de reconnaître qu'elle est supprimée.

J'ai tenu à citer cet exemple bien propre à faire éclater la réalité du principe de l'Intérêt général et du salut du plus grand nombre. Dans ces circonstances terribles et nécessitant des mesures aussi promptes qu'énergiques, les individualistes sont condamnés à l'impuissance la plus radicale, à moins qu'ils ne se décident à faire litière de leurs principes.

La liberté d'aller et de venir comprend naturellement le droit de sortir du pays. Mais il est évident qu'en temps de guerre, l'État, qui a besoin du concours de tous, peut au nom de l'intérêt de la Patrie, s'opposer à l'émigration des citoyens. La jurisprudence de la Révolution à cet égard, est bien connue; elle est pleinement justifiée. Ils étaient dans la logique de la tradition révolutionnaire comme dans celle du droit et de la justice, ces patriotes qui, pendant le siège de Paris, réclamaient des mesures énergiques contre les fuyards. Si le gouvernement de la défense avait confisqué les propriétés de tous ces fils de famille qui battaient tranquillement le pavé de Regent's street tandis qu'on souffrait ici du froid, de la faim et des obus, il y aurait eu à la fois un

châtiment efficace pour les coupables et un
exemple salutaire pour l'avenir.

La Religion

Comme je me place ici sur le terrain de l'Etat
idéal — ayant en vue spécialement la République
française, la seule Démocratie dans le monde
qui tende manifestement à se rapprocher de
cette perfection, je me préoccuperai exclusivement, au point de vue concret, de la religion
chrétienne, et particulièrement de la catholique.

Je ne veux pas insister sur les dix millions
d'êtres humains que cette religion a coutés au
monde, sur les sciences et les lettres proscrites,
sur les chefs d'œuvres de l'art mutilés; sur les
massacres, les échafauds et les auto-da-fé; sur
les Borgia, les Torquemada et tous les scélérats
qui se baignèrent impunément, pendant tant de
siècles, dans le sang d'innombrables victimes;
sur les dogmes sinistres, destructeurs de toute
morale, de toute bienveillance et de toute société.[1]
Non! je me contenterai de rappeler que l'Eglise
a toujours affiché ses prétentions à la domination
de l'Etat, qui même aux jours les plus sombres

---

[1] Voyez pour les détails, le livre du regretté Bouilleville.
« *La Morale de l'Eglise,* », Paris : Michel Lévy, 1905, in-8°.
— Voy. aussi le « *Procès de la Libre Pensée* » 2me partie,
articles incriminés par A. Regnard. Londres, 1867. Consultez
directement les livres « saints » et les « Pères, » surtout
Mathieu. V. 39. VIII. 15, 19. X. 29, 34. — Luc. VI. 20, 24.
XIV. 26. — Paul, Cor. I. VIII. 8. 16. Eph. VI. 5. — Lac-
tance, *de irâ Dei*, c. 1. — Augustin. *De bon. conj.* IX. 9.
— *Corpus juris canonici*, Decret. part. 2 caus. 23 quaest. 4
c. 39. etc.

de Moyen Age, s'est vu forcé de la combattre. Grégoire VII et Innocent III en vinrent à revendiquer pour elle les deux glaives, la puissance absolue sur les âmes et les corps, ne laissant à l'Etat que le maniement du glaive temporel sous la surveillance des Papes. C'est alors qu'elle exigea que le droit canonique eut force de loi, et que l'autorité laïque s'engageât à propager le christianisme et à extirper l'hérésie par le fer et par le feu.(¹)

Et ce puissant écrivain, Joseph de Maistre, plus fort, assurément, que beaucoup de ses adversaires, mais avocat malencontreux d'une cause perdue, — Joseph de Maistre ose affirmer, avec un imperturbable aplomb, que les Papes travaillaient pour le le bien de l'Humanité en général et pour la liberté de l'Italie en particulier (²) Mais il suffit d'invoquer le témoignage des contemporains, des victimes même de cette politique d'égoïsme abject et d'intérêt mal entendu; il suffit de nommer le Dante, dont le poème immortel n'est qu'une longue imprécation contre la « Louve » maudite, contre la Papauté, « tombée dans la fange, où elle s'est salie, elle et son fardeau. »(³) Nous pouvons citer encore Machiavel et sa déposition accablante : « L'Eglise n'ayant jamais été assez puissante pour pouvoir occuper toute l'Italie et n'ayant pas permis qu'un autre l'occupât, est cause que cette contrée n'ayant

(1) Cf. Bianchi loc. cit. tom. II. p. 406.

(2) Du Pape, liv. II. ch. VII. art. 3.

(3) Purgatorio, cant. XVI. v. 129.

pu s'unir sous un seul chef, est demeurée asservie
a plusieurs Princes et Seigneurs; de là, tant de
divisions et tant de faiblesse qui l'ont réduite à
devenir la proie non seulement des Barbares puis-
sants, mais du premier qui daigne l'attaquer. C'est
à l'Eglise, et non à d'autres, que nous avons cette
obligation, nous autres Italiens. »(1)

Comment comprendre après cela qu'Auguste
Comte, ce grand esprit, l'un des plus forts penseurs
de notre temps: se soit laissé prendre à cette théorie
catholico-féodale de la distinction des deux Pouvoirs,
le Temporel et le Spirituel? Triste et mémorable
exemple de l'influence des Milieux! Entouré des
Saint-Simon, des Buchez et autres néo-catholiques
du commencement du siècle, ce grand philosophe
se prit de l'engouement le moins justifié pour la
théorie de Grégoire VII; par l'effet d'un irrémédiable aveuglement, il ne vit pas que sous le nom
de Pouvoir spirituel, il s'agissait tout simplement
du système de Théocratie le plus anti-humain, le
plus rétrograde qui fût jamais. En vain ses disciples font des efforts prodigieux pour soutenir ce
paradoxe; en vain, dans des termes magnifiques,
ils nous montrent le Pape à Canosse, consacrant,
en quelque sorte le droit d'insurrection; — halluci-
nation pure! Joseph de Maistre prend soin lui-
même, de les éclairer à cet égard; le passage est
caractéristique et mérite d'être cité.

« Le principe divin, proclame l'auteur du «Pape»,
n'était pas moins toujours présent, toujours agis-

_____

(1) *Discours sur Tite-Live*, liv. 1. ch. 12.

sant et toujours reconnaissable : il l'était surtout
par ce merveilleux caractère que j'ai déjà indiqué,
mais qui ne saurait être trop remarqué, savoir :
*que toute action des Papes contre les souverains
tournait au profit de la souveraineté.* »

Allons donc! voilà le grand mot lâché et nous
voyons le fond du sac! Il n'y a pas de trône affermi,
en effet, sans autel pour le consolider, et dans
cette triste victoire d'Hildebrand à Canosse, je
ne vois nullement le triomphe de la force morale
sur la force brute, — mais bien plutôt celui de la
force la plus brutale qui fut jamais, celle qui se
fonde sur les plus grossières superstitions entrete-
nues par les prêtres d'une théocratie sans pudeur,
et sur la crédulité sans bornes des masses ignorantes
et toujours trompées.

Hâtons-nous de reconnaître que les Positivistes
sont d'accord avec nous et avec la vérité, pour
proclamer le caractère rétrograde de l'Eglise dans
les temps modernes. Que le Catholicisme soit l'ennemi juré de la civilisation et de la société, voilà,
du reste, ce qui peut être contesté seulement par
l'ignorance ou la mauvaise foi. Les Papes ont pris
soin ici de nous faciliter la besogne. Pie IX, dans
le *syllabus* ou résumé, inséré à la suite de l'Ency-
clique *Quanta cura* du 6 décembre 1864, s'est
exprimé avec une netteté qui ne permet pas la
discussion.

Dans ce factum mémorable,[1] l'Eglise, par la

_____

(1) En 10 paragraphes et 80 articles. Le texte français se

bouche de son chef, non seulement condamne la
raison et la philosophie (IV), mais s'arroge encore
le droit de sévir contre elles (XI). Elle proscrit la
liberté de conscience et de culte (XV) proclame sa
suprématie sur les lois de l'Etat (XIX-XXII),
l'infaillibilité du Pape (XXIII), la légitimité des
biens de mainmorte (XXVI) et érige en dogme
l'immunité du service militaire pour les clercs.
Elle déclare que les écoles publiques ne peuvent
pas être soustraites à la surveillance des prêtres
(XLV, XLVII) et que les lois de la morale ne sauraient être indépendantes de la sanction divine
(LVI).

Enfin elle crie « anathème! » à quiconque sou-
tiendra que « le Pontife Romain peut et doit se
réconcilier et transiger avec le progrès, le libéralisme et la civilisation moderne. » (LXXX).

Ces prémisses une fois établies, l'Eglise tendant
à l'asservissement de l'Etat et, par le fait, à la
destruction de la société civile et de la civilisation
modernes, tout homme politique sérieux, pénétré
de la réalité du principe de l'Utilité générale et du
bonheur commun, tirera immédiatement les conclusions nécessaires. *Il poursuivra l'extinction du
Catholicisme, par les moyens les plus sûrs et les
plus rapides, compatibles avec l'état des mœurs
publiques, et spécialement par l'emploi de la Force
Révolutionnaire que j'aie définie ailleurs : — l'ap-*

---

trouve reproduit dans le livre de M. Jules Roche (*Le
Budget des Cultes* p. 354-360.)

plication à la Société du droit de légitime défense.(¹)

Il ne s'agit pas de lever les bras au ciel en criant à la « Terreur » et à l'abomination ; c'est ici l'application nécessaire et très simple d'un principe démontré, et le gouvernement de la République Française est déjà entré dans cette voie. L'honneur de cette attitude revient surtout à M. Jules Ferry qui, en expulsant violemment les membres des Congrégations non autorisées, est rentré l'un des premiers, au point de vue pratique, dans la tradition révolutionnaire. Sans doute la mesure était légale ; qui le nie ? Mais il s'agissait d'une loi de violence, amplement justifiée d'ailleurs, parce que c'était une loi de salut. En combattant le ministre sur ce point, le parti intransigeant est resté fidèle à la logique de l'opposition libérale et doctrinaire ; mais il a combattu les principes mêmes, ceux qui découlent de la Science et de la Révolution.

Bien entendu, cette mesure n'est que le prélude de celles qui devront suivre, et parmi lesquelles s'impose, en première ligne, la suppression complète des congrégations religieuses. Outre les raisons d'ordre général, il y en a une d'ordre spécial et immédiat ; c'est l'envahissement, à marche foudroyante, de la mainmorte monastique. Pour l'étude positive de ces questions, il suffit de se procurer le livre si lucide, si riche

---

(¹) Programme du délégué des Libres-Penseurs Parisiens à l'anti-concile de Naples (décembre 1869).

9

en renseignements de toute sorte, publié par M.
Jules Roche sur le Budget des Cultes;(¹) je me
borne à lui emprunter ici ces chiffres caractéris-
tiques :

En 1849, les Congrégations religieuses possé-
daient, en France, 6,858 hectares, d'une valeur
de 43,026,914 francs, — En 1880, elles possé-
daient 40,520 hectares, valant 713,536,980 francs!

Il y a urgence, on le voit; et il n'est que temps
de remettre en vigueur le décret de l'Assemblée
Nationale, en date du 18 août 1792, au moins en
ce qui concerne l'article 1er, ainsi modifié :

Les corporations connues en France sous le nom de
congrégations séculières ecclésiastiques, telles que......,
les congrégations laïques telles que celle des frères de
l'École chrétienne, etc... les congrégations de filles, telles
que....et généralement toutes les corporations religieuses
régulières ou séculières d'hommes et de femmes, ecclésiastiques ou laïques, même celles attachées uniquement
au service des hôpitaux et au soulagement des malades,
sous quelque dénomination qu'elles existent en France,
soit qu'elles ne comprennent qu'une seule maison, soit
qu'elles en comprennent plusieurs ; ensemble les fami-
liarités, confréries, les pénitents de toute couleur, les
pélerins et toutes autres associations de piété ou de
charité, seront éteintes et supprimées à dater du jour de
la publication du présent décret.

Il faudrait, de toute nécessité, ajouter l'article
suivant :

Les Associations religieuses, tendant manifestement

(1) Jules Roche : Le Budget des Cultes, la séparation de
l'Église et de l'État et les Congrégations. Paris : Marpon et
Flammarion; 1 vol. in-18, 1883.

pir leurs principes mêmes à la destruction de l'Etat, sont et demeurent interdites.

Voilà pour ce qui concerne les couvents et congrégations et, d'une façon générale, les moines, nonnes, jésuites et confréries. Pour le Clergé régulier, pour le Culte, la tâche est un peu plus complexe.

Je tiens d'abord à déclarer que le rétablissement officiel du Catholicisme en France, préparé par le Culte de l'Etre suprême de Robespierre, facilité par le décret de Ventose an III, et réalisé par Bonaparte, est un des plus grands attentats qui aient jamais été commis contre la France, c'est-à-dire contre l'Humanité même. Le Concordat est la mesure la plus détestable possible, mesure qui reste éternellement flétrie, cette parole souvent citée, mais qu'on ne saurait trop répéter.

Quant à l'occasion du Te Deum chanté en l'honneur de la restauration du culte : c'est la route des Tuileries à Notre-Dame, raconte Bourrienne, Lannes et Augereau voulurent descendre de voiture quand ils surent qu'on les conduisait à la messe, et il fallut un ordre du premier Consul pour les empêcher de le faire. Ils allèrent donc à Notre-Dame, et le lendemain Bonaparte demanda à Augereau comment il avait trouvé la cérémonie. — Très belle, répondit le général ; il n'y manquait qu'un million d'hommes qui se sont fait tuer pour détruire ce qu'on vient d'établir.

Mémoires de Bourrienne, Paris et Londres, 1829. T. IV, p. 77.

Il faut évidemment dénoncer le Concordat et supprimer le budget des cultes. Mais quand et comment? *That is the question*

Les Libéraux sont d'accord avec leurs principes lorsqu'ils réclament immédiatement la séparation de l'Eglise et de l'Etat. « La liberté moderne est le fruit de l'Evangile; — ainsi prêche un de leurs oracles, — elle sort de la seule religion qui ait remis à l'individu le soin et le salut de son âme; le matérialisme la tue, la foi la fait vivre...... Qu'est-ce donc que cette opposition qui divise l'Eglise et la société? Rien qu'un malentendu qui s'évanouira au soleil de la liberté. L'idéal du chrétien est aussi l'idéal du citoyen.»(1) *Rimm tenentis*! Nous savons ce qu'il faut penser de ces tirades et nous connaissons l'usage que les prêtres font de la Liberté. Je prie les libéraux de jeter simplement un coup d'œil sur la Belgique où l'Eglise est en train d'asservir un peuple, et sur l'Irlande, — où c'est déjà fait. Au surplus, pour nous autres radicaux, matérialistes et athées, adeptes de la Politique Scientifique, *le but n'a jamais été la séparation de l'Eglise, mais bien sa suppression.*

D'autre part, des hommes plus éclairés et moins « libéraux », naturellement nous disent : — « Voyez le mal qu'a fait le Concordat », — et j'en tombe d'accord. « Donc, abolissons-le de suite, revenons au *statu quo* avant l'an VIII, au décret de Ventose an III, et tout ira bien. »

_____

(1) E. Laboulaye ; *Le parti libéral et son programme.* Paris, 1864 p. 62-63.

Mais non! tout ira mal. Vous pouvez bien revenir au decret : il suffit d'un vote et d'une proclamation. Mais il n'y a pas de vote ou de proclamation qui puisse ramener la France à l'état d'indépendance, de Libre Pensée véritable où elle se trouvait en l'an VIII, et surtout en l'an III. Cela sonne d'une façon étrange, au premier abord. Il semble qu'avec tous ces téléphones, ces télégraphes et ces phonographes, on ait fait des pas de géant dans tous les genres. Eh! bien, je le constate avec regret : les contemporains de Cabanis et de Bichat valaient mieux que nous, sous le rapport de l'émancipation intellectuelle. Fils du grand siècle, élèves de l'Encyclopédie, ils avaient oublié, pour la plupart, le chemin de l'Eglise.

Sans doute, le decret du 3 Ventôse an III, sur la liberté des cultes, avait fait beaucoup de mal, et il importe vu l'ignorance assez générale à cet égard, de remettre les choses dans leur vrai jour. Cette mesure libérâtre et funeste, loin d'être inspirée comme on le croit, par l'esprit révolutionnaire, fut prise, en partie, à l'instigation du fanatique abbé Grégoire. Le 1er Nivôse, à l'occasion du projet de décret sur l'établissement des fêtes républicaines, ce catholique obstiné, tremblant de nouveau pour sa religion, en avait fait un éloge emphatique, au milieu des interruptions et des huées. L'indignation était telle, que la fin du discours ne put être prononcée.(1) « Je cro-

____

(1) « Trésacue de la superstition, mythologie chrétienne, charlatanisme sacerdotal, etc. etc. telles sont les interruptions au milieu desquelles il dut descendre de la tribune.

yais, s'écria Legendre, se faisant l'interprète des sentiments de la Convention, je croyais que nous étions assez avancés en Révolution pour ne plus nous occuper de Religion.» Et il proposa l'ordre du jours qui fut immédiatement adopté.

« Cependant, ajoute Grégoire, dans l'opuscule cité plus haut, les mêmes gens qui m'outragèrent concoururent au décret du 3 Ventôse » Ce décret fut adopté, en effet, après un rapport filandreux du réactionnaire Boissy d'Anglas. « Cet établissement sacerdotal qui devait expirer sous les coups d'un gouvernement sage et doux, déclamait le futur Clichyen, fut abattu avec le scandale d'une orgie, avec les fureurs du fanatisme lui-même. Les Chaumette, les Hébert dirigèrent cette révolution, suivant les principes de leur âme abjecte et féroce. »(1) Quel style et quelle logique ! Après avoir constaté l'écrasement du catholicisme, le rapporteur continuait par les banalités ordinaires sur le danger des persécutions qui ne font que servir la religion en suscitant des martyrs !

C'est lui-même qui prend soin de nous l'apprendre dans la préface de son discours, prononcé, dit-il, pour deux raisons : « 1° parce que quelques hommes répètent, sur parole, que le catholicisme est incompatible avec l'État républicain ; 2° parce que dans cette persécution dirigée contre tous les cultes, les catholiques et surtout une foule de prêtres, sont l'objet spécial de la fureur. » Et cet apôtre de la tolérance s'écrie un peu plus loin : « On a rendu justice à Chaumette en l'envoyant à l'échafaud. » Ô misères du Libéralisme ! (Voy. le Discours sur la liberté des cultes, par Grégoire, représentant du Peuple ; an III de la République).
(1) Séance de la Convention du 3 Ventôse an III.

La vérité est que ce décret au moins inutile, favorisa la résurrection du catholicisme expirant. Un an après, on constatait que 31,000 paroisses avaient repris l'exercice public de leur culte. Il s'agissait, il est vrai du culte constitutionnel et gallican, le plus idiot de tous les cultes, sans contredit. Car enfin, on comprend que par esprit de routine ou par amour de la tradition, quelques individus demeurent attachés au Catholicisme Romain ; mais le catholicisme « constitutionnel » et libéral est évidemment le dernier degré de la platitude et de l'aberration mentale. Par malheur, les pauvres gens, privés des lumières de l'instruction, n'y regardent pas de si près et sous ce rapport, le décret de Ventose, loué si mal à propos, prépara les voies pour le Concordat.

Seulement, au sein de la classe instruite, la foi s'en allait tous les jours. Là, on se mariait sans prêtres, témoin Bonaparte,([1]) et les enfants n'étaient plus guère baptisés, témoin Littré. Voyez, à l'annonce de la cérémonie religieuse, rappelée plus haut, le dégoût général manifesté à la cour et à la ville.

Aujourd'hui, en dépit du progrès des sciences, la masse reste indifférente : les admirables travaux, l'enthousiasme de quelques uns ne font que mieux ressortir l'apathie du plus grand

[1] Il y eut bien un mariage religieux, mais seulement trois jours avant le sacre, sur la demande formelle du pape, et huit ans après le mariage civil.

nombre, et comme, après tout, l'avenir semble
incertain à beaucoup de gens, ils continuent
d'aller à la messe et d'envoyer leurs enfants com-
munier. Pas n'est besoin de recourir aux statis-
tiques, de rappeler les richesses énormes et
toujours croissantes des congrégations etc.; on sait
assez que les « déshéritées — à tous égards — »
continuent de remplir les églises, que nos grandes
Ecoles sont envahies par les élèves des jésuites
et que l'immense majorité des lycéens, — malgré la liberté qui leur est laissée maintenant —
persistent à remplir leurs « devoirs religieux. »

C'est que nous sommes les fils du Concordat.
Voilà les effets déplorables avec lesquels nous
sommes obligés de compter et voilà pourquoi le
législateur ne peut le rejeter comme une simple
guenille. C'est bien plutôt la robe empoisonnée
du Centaure, dont la France ne saurait se dépouiller d'un seul coup, sans s'arracher la chair
par places et se faire couler le sang.

Car elle souffre encore du « microbe » catholique, cela est trop certain. Seulement il y a un
abîme — qu'on l'entende bien — entre son état
mental et celui de la Belgique ou de l'Irlande
par exemple; chez nous, l'immense majorité des
gens ne croient pas. C'est affaire d'habitude
chez le plus grand nombre, de calcul chez d'autres; dans la bourgeoisie riche et oisive, c'est
un « genre » et aussi un moyen de faire de
l'opposition à la République.

Dans ces conditions, — si différentes de celles
où l'on se trouvait en l'an III, il serait absolument impolitique de lâcher immédiatement la
bride sur le cou du clergé. Mais quelques années d'un régime transitoire, *ad hoc*, suffiront
pour nous mener à la délivrance complète. Ce
régime, indiqué déjà par MM. Paul Bert, Jules
Roche et autres, et auquel il faudra nécessairement recourir, consiste tout simplement
dans l'application rigoureuse du Concordat.
Il est dur, je l'avoue, de payer des gens pour
faire une besogne manifestement détestable ;
seulement, entre deux maux, il faut choisir le
moindre, et comme il est indispensable d'avoir la
haute main sur ces gens là pour quelques années
encore, afin de ménager la transition, il faut
se résigner à les payer.

Seulement, on donnera le moins d'argent possible ; la loi même du 18 germinal an X, la loi
concordataire laisse pour cela toute la latitude
désirable. Nous sommes obligés malheureusement, de laisser à l'Eglise la libre disposition
des édifices du culte, cathédrales etc. Mais
nous ferons restituer les bâtiments que l'Etat a
laissé prendre et dont la valeur est de 80
millions, ce qui correspond à une valeur loca-
tive annuelle de 3 millions au moins.

De plus, l'Etat donne directement, à l'Eglise
et aux Congrégations, près de 100 millions par
an — en chiffres ronds — ainsi décomposés :

Budget des Cultes proprem^t dit	53 millions
Budgets municipaux, départe-mentaux et des ministères	22 millions
Instituteurs et institutrices con-gréganistes	22 millions
Total	97 millions(1)

Or M. Jules Roche fait remarquer que, pour ce qui concerne le budget des cultes proprement dit, la France pourrait s'en tirer avec 6 millions par an, tout en restant dans les termes du Concordat. Nous serons plus généreux, pour qu'on ne nous accuse pas de vouloir faire mourir de faim les « desservants » septuagénaires : car ceux-ci n'étant plus bons à rien, courraient grand risque d'être abandonnés, par leurs collègues plus jeunes, à leur triste sort. Etant donné que l'Eglise catholique se contentait de 17 millions, à la fin du premier Empire, le territoire de la « République Française » comprenant alors 130 départements — elle devra nous trouver très généreux si nous lui octroyons 9 millions de plus que nous ne lui devons légalement, — soit 15 millions par an. Il va sans dire que toutes les autres sommes énumérées plus haut seront supprimées comme non obligatoires. C'est donc 82 millions sur 97 qui rentreront immédiatement, et chaque année, dans les caisses de l'Etat. De plus, les

---

(1) Jules Roche, *loc cit*, p. 45 sq. J'ai forcé de 1 million environ le chiffre alloué aux congréganistes, tenant compte des sommes payées par l'Etat à plusieurs maisons religieuses qui reçoivent pour lui des aliénés et de jeunes détenus.

Congrégations devant être supprimées sur l'heure, c'est encore 35 millions retirés de la poche de l'Église, soit en tout 117 millions par an ; sans parler encore du revenu des biens des séminaires, des fabriques etc.

En résumé, moyennant la somme relativement modique de 15 millions par an, l'État conservera pendant plusieurs années, le droit de surveillance, de censure et de châtiment le plus absolu sur le clergé. Et il devra en user de la façon la plus rigoureuse. Certes, même des fonctionnaires proprement dits conservent leur franc parler dans le gouvernement démocratique ; ils ont même le droit de censurer, dans les détails, de provoquer le perfectionnement des institutions qui leur semblent défectueuses, — les fonctionnaires de la République, à la différence de ceux des monarchies, ne devant être ni des abrutis ni des esclaves. Mais il n'est pas supportable que des gens salariés par la République, l'insultent grossièrement et tentent de la ruiner dans son principe même. C'est le pont-aux-ânes de la Politique. Car, comment voulez-vous que des individus malintentionnés ou indifférents, croient à l'avenir, à la solidité d'un gouvernement qui manque de dignité et de confiance en lui-même, au point de se laisser insulter dans son principe par ceux qu'il paie ? Les insulteurs, par le fait même de l'impunité, recueillent pour eux et pour leurs idées, tout le prestige dont ils dépouillent l'État.

Au contraire, une attitude énergique aura bientôt rallié à la Démocratie une foule de catholiques par habitude, qui s'en éloignent en raison de l'indulgence même, de la faiblesse du gouvernement républicain; quand le peuple aura vu en quelle médiocre estime ce gouvernement tient l'Eglise, il aura bientôt fait de se détacher d'elle et de la mépriser. Sept à huit années, au plus, d'un pareil régime suffiront pour produire le résultat désiré, et j'ai le ferme espoir que le premier jour de l'an centième de l'ère Révolutionnaire — alors que l'on célébrera le centenaire de la proclamation de la République, — la France sera en mesure de rejeter complétement et à tout jamais ce détestable fardeau et de crier aux prêtres :

— « Allez vous faire payer par vos dupes! Mais observez bien qu'en raison de leur nombre, encore si grand, en raison du caractère dont elles vous croient revêtus, vous possédez une puissance d'action supérieure à celle des autres citoyens. Veillez donc attentivement sur vos paroles et sur vos actes; la République a l'œil sur vous. Elle n'aime pas à punir; mais, le cas échéant, elle le fait avec d'autant plus de rigueur qu'elle n'a en vue que le salut du Peuple. Elle sait que les demi-mesures sont ridicules et que les persécutions n'aboutissent pas quand elles sont incomplètes. Mais elle connaît aussi les effets des châtiments sévères et mérités; et si vous tentiez, comme vous l'avez déjà fait, de soulever vos ouailles contre le gouvernement populaire, vous seriez balayés, vous,

votre religion et votre culte, comme vous l'avez
été déjà il y a un siècle, et par des moyens dont
on vous garantit l'indiscutable efficacité. »

Alors, — mais seulement alors — le gouvernement démocratique délivré de ses plus mortels
ennemis, s'établira sur des bases inébranlables.
Gambetta, pour le dire en passant, était parfaitement au courant de ces vérités. J'ignore s'il a
jamais sérieusement caressé l'idée d'un « clergé
national »; je sais très bien que, dans tous les cas,
il ne l'a pas caressée longtemps. Parlant en homme
d'État qui aspire au gouvernement de la France,
il devait ménager, dans la forme, l'opinion d'un
grand nombre de Français égarés; mais, lorsque
dans une occasion fameuse il lança son cri de
guerre : — « Le Cléricalisme, voilà l'ennemi ! »
— il savait très bien qu'il n'y a pas de vrai catholicisme sans cléricalisme. La conclusion est
facile à tirer.

En résumé, la Science ayant éliminé Dieu, il est
clair qu'il ne faut plus de Religion, au sens ordinaire du mot — qui, décidément, semble être
aussi le sens propre. (¹) Naturellement, les gens
seront libres d'adorer les fétiches de leur choix en
se conformant aux lois, à l'intérêt commun et aux

_____

(1) Que l'on fasse venir *religio* de *relegere*, avec Cicéron,
ou de *religare*, avec Lactance, il s'agit toujours au fond
d'une Divinité, d'une puissance surnaturelle dans ses rapports avec l'homme. C'est seulement en détournant le mot
de son sens propre qu'on le prend aujourd'hui comme synonyme de foi commune et de centre de ralliement, en
dehors de tout élément spiritualiste et déiste. Cf. Cicéron,
De Nat. Deorum II. 28 et Lactance, *Div. Inst. IV*. 28.

bonnes mœurs; c'est-là une vérité banale qu'on
n'aurait jamais eu besoin de formuler sans le despotisme et le christianisme. Seulement, aucun ministre
d'un culte quelconque ne devra être admis à figurer
dans la représentation nationale, et d'autre part,
« il faut s'habituer dès aujourd'hui à regarder la
croyance en Dieu comme incompatible avec toute
haute fonction politique. D'abord, elle s'oppose à
ce que l'homme d'État puisse rendre exacte justice
aux hommes ayant une manière de voir différente,
ce qui expose à de redoutables erreurs; ensuite,
la préoccupation inévitable de la vie future et du
salut éternel ne permet pas de se placer exclusivement au point de vue des affaires terrestres,
qui pourtant sont assez difficiles et assez absor-
bantes pour réclamer toute l'attention de celui qui
en a la charge. »(¹)

Si, maintenant, on objecte que l'Humanité ne
va pas sans une religion quelconque : qu'outre le
besoin d'idéal et le désir de « clartés de tout » qui
sont au fond du cœur des hommes, il faut un centre de ralliement et une foi commune, — je répondrai que la Philosophie Matérialiste n'est pas

(¹) Pierre Laffite, dans la *Revue Occidentale* de Septembre 1881, p. 217. L'éminent directeur du Positivisme faisait
allusion à Gambetta, qui très sincèrement, admirait l'auteur
de la formule décisive « Réorganiser sans Dieu ni Roi. »
Mais il se souciait fort peu de ce que j'appellerai les « accessoires » considérés par les disciples les plus fervents
comme la partie essentielle de la doctrine. Gambetta était
avant tout matérialiste, donnant toujours pour la solution
des questions graves, la préférence à la science sur le
sentiment et l'intuition.

prise au dépourvu, ayant de plus, à son service, les traditions de la Révolution Française qui, n'en déplaise à Quinet, a complétement résolu la question religieuse, comme elle en a résolu tant d'autres.

Si donc, — en prenant le mot dans un sens en partie nouveau, en le purifiant de tous les souvenirs odieux qui s'y rattachent, — l'on demande quelle sera la « Religion » de l'avenir, il faut répondre sans hésiter :

La Science, escortée par la Poésie et les Beaux-Arts. Telle est la formule la plus large de ce culte de l'Humanité et de la Raison, inauguré si glorieusement à Notre-Dame le 10 Brumaire an II, grâce à l'initiative de mon illustre compatriote, le Nivernais Chaumette, sous les auspices de la Commune de Paris et de la Convention.

L'Éducation et la Culture publique en général.

« L'Éducation nous fait ce que nous sommes. »[1] Telle est la proposition formulée par l'un des plus grands philosophes du siècle de la Philosophie, en France, par cet Helvétius, auquel ses ennemis même rendent hommage, à l'étranger, comme à l'écrivain qui le premier remit en honneur, dans les temps modernes, la théorie scientifique ou utilitaire de la Morale ; — tandis que son nom, a

[1] Helvétius, De l'Homme, sec. X, ch. 2, Londres, 1775. T. II, p. 185.

toujours été indignement conspué, chez nous, par la cohue des détestables sophistes que tous les gouvernements ont cru devoir entretenir, depuis quatre-vingts ans, dans les chaires de la Sorbonne.

L'auteur de l'*Esprit*, qui ne pouvait connaître les beaux travaux publiés depuis sur l'hérédité, a malheureusement exagéré son idée au point de lui donner l'apparence d'un paradoxe. Nous sommes, avant tout, le produit de nos ancêtres, cela est bien certain; il y a, par exemple, des criminels prédestinés, dont le cerveau anormal ne sera jamais modifié par l'éducation, même la plus raffinée.

Mais l'Éducation, l'habitude et l'exemple sont aussi des facteurs essentiels, indispensables pour le développement de l'Intelligence et de la moralité. On a singulièrement grossi la part d'erreur renfermée dans la doctrine d'Helvétius, en omettant d'observer que, lorsqu'il parle des heureux effets de l'instruction sur tous les hommes, il a soin d'ajouter : « *communément bien organisés* » — ce qui suffit pour réserver les exceptions. On oublie aussi, lorsqu'on oppose Diderot à Helvétius, d'ajouter que l'auteur de la « réfutation de l'Homme » a pris soin de se réfuter lui-même, dans les lignes suivantes : « *J'ai changé d'avis*; je fais un très grand cas de ce traité de l'*Homme* : j'y reconnais toutes les sortes de mérite d'un bon littérateur et toutes les vertus qui caractérisent l'honnête homme et le bon citoyen. J'en recommande la lecture à tous mes compatriotes, mais surtout aux chefs de l'État, afin qu'ils connaissent toute l'influence d'une bonne législation sur l'éclat et la félicité de l'Empire, et la nécessité d'une meilleure éducation publique; afin qu'ils se défassent d'une prévention qui ne montre que leur ineptie, à savoir que le savant, le philosophe, n'est qu'un sujet factieux et ne serait qu'un mauvais ministre. »(1) Au surplus, Helvétius laisse assez voir le fond de sa pensée, lorsqu'après avoir signalé les funestes effets de l'éducation religieuse et du despotisme, il montre ce que pourrait l'instruction pour former des citoyens dans un État libre.

C'est en se basant sur ces données, que l'illustre Condorcet faisait insérer dans la Constitution de 93 cet article 22 qui ne devait recevoir son application qu'un siècle après :

« L'instruction est le besoin de tous, et la Société la doit également à tous ses membres. »(2)

Sur ce point encore, on revenait aux véritables principes, méconnus depuis le triomphe du Christianisme, et formulés par le Maître il y a deux mille ans passés : « S'il importe à la grandeur de l'État que les femmes et les enfants soient dignes et estimables, il faut leur donner,

---

(1) Diderot, Œuvres complètes, tom. II, p. 338.

(2) Il s'agit du premier projet, adopté en Avril et Mai 1793, [...] l'invocation préliminaire à l'Être Suprême, [...] qualifié ce projet de girondin; en [...] le Comité de Constitution [...] ces trois montagnards, Danton, [...] dont l'empreinte se retrouve dans pres[...] articles.

l'éducation qui convient. Or, cela est de toute
évidence, puisque les femmes forment la moitié
des personnes libres et que les enfants sont les
citoyens futurs. » Et plus loin : « L'éducation
est le premier devoir du législateur; la négliger,
c'est préparer la ruine de l'Etat. »(¹) J'ajoute que
la question est posée ici sur son véritable terrain,
beaucoup mieux que dans l'article précédemment
cité de la Constitution de 93.

En effet, cet article n'emporte pas l'idée d'o-
bligation : il n'autoriserait pas l'Etat à imposer
au moins l'instruction primaire, comme c'est
son droit incontestable. M. Herbert Spencer et
les individualistes sont dans la logique de leurs
principes lorsqu'ils nient la réalité de ce droit;
ils veulent, avant tout, sauvegarder la liberté
individuelle, incarnée, ici, dans le père de
famille.

Car il n'est pas douteux que cette liberté ne
soit, en effet, outrageusement violée, par les lois
qui décrètent l'instruction obligatoire. En vain
certains autonomistes, fort embarrassés, décla-
rent-ils que si l'on force le père a envoyer l'enfant
à l'école, c'est uniquement pour le bonheur de
ce dernier. En cela, même, ils désertent les
principes de l'individualisme : car d'après cette
doctrine, on ne reconnaît à personne, et encore
moins à l'Etat, le droit de faire le bonheur de
qui que ce soit; chacun se développe comme il
peut et on attend tout du libre concours des cir-

(1) Aristote, Polit. II 5 et VIII, 3.

constances. En vain, encore, essaient-ils d'assimiler le cas de l'instruction à celui de l'alimentation. Qu'un père laisse mourir ses enfants de faim, et personne n'aura l'idée de crier à la violation de la liberté individuelle en le voyant empoigner par les gendarmes. Mais, bien plus ; outre que, dans le cas de l'éducation, les effets ne sont ni aussi rapides ni aussi manifestes, le récalcitrant peut très bien alléguer que, dans son opinion, il est funeste à l'intérêt de l'enfant de commencer à l'instruire d'une façon sérieuse avant l'âge de quinze ans. Des théories de cette force ont été soutenues par des auteurs de renom, sans parler du sophiste fameux qui, dans un traité sur l'Éducation, a eu le front d'écrire cette phrase impie : « Je hais les livres. »(¹)

En vérité, si un père se plaçait sur ce terrain, je ne vois pas trop ce que pourraient lui répondre les autonomistes modérés, en dépit de leurs bonnes intentions. Mais nous ne serions pas embarassés pour le réduire au silence en lui disant tout simplement :

— Il ne s'agit pas de votre liberté ; il ne s'agit même pas, puisque vous discutez le fait, du bonheur de votre enfant, — mais bien du bonheur de tous. Le défaut d'instruction est une cause avérée de crime et de misère, de faiblesse

---

(1) J. J. Rousseau : *Émile ou de l'Éducation*. Liv. III. (Tom. I. p. 563 de l'édition Hachette). Il dit dans le livre II : « Je suis presque sûr qu'Émile saura lire et écrire avant l'âge de dix ans, précisément parce qu'*il m'importe fort peu qu'il le sache avant quinze.*» (p. 404)

pour la Patrie, de décadence pour l'Etat. Au nom du Droit Social, supérieur au droit individuel, nous repoussons vos prétentions comme contraires, non seulement à la loi, mais encore à la justice, c'est-à-dire à l'intérêt commun.

Le vote de la loi du 18 Mars 1882, sur l'Instruction obligatoire, a marqué la première et glorieuse étape de la Démocratie triomphante, en même temps que la victoire incontestée du Socialisme ou droit de l'Etat, sur l'Individualisme. Ç'a été une suprème satisfaction pour ceux qui, dans les dernières années de l'Empire, avaient poursuivi ce but avec une invincible opiniâtreté.

Mais précisément parce que cette loi viole, pour des motifs d'ordre supérieur, la liberté du père de famille, celui-ci doit être assuré que dans cette école où il est contraint d'envoyer son enfant, les jeunes intelligences ne seront pas infectées par le poison des dogmes et des préjugés d'un autre âge.

C'est pour cela que l'instruction obligatoire doit être en même temps laïque, en comprenant bien entendu, sous ce titre, — n'en déplaise à M. Paul Janet, — *l'exclusion absolue de l'idée de Dieu sous une forme quelconque.*

The nam of God has fenced about all crime with holiness(1)

« Le nom de Dieu a fait à tous les crimes un rempart de sainteté, » dit le grand poëte Anglais, Shelley. « Entre la Science et la

1) Shelley, *Queen Mab.*

Superstition, ajoute Renan, le duel est à mort. »[1]
Or le Déisme est le commencement de la superstition, la condition indispensable de son existence et de sa durée.

D'ailleurs, la morale la plus élémentaire fait
un devoir aux éducateurs de l'enfance d'écarter
avec soin les doctrines dont la fausseté est sura-
bondamment démontrée. Je nie d'une façon absolue, au nom du Droit Social, la liberté de
l'Enseignement primaire. Il est criminel, pour
citer un exemple, d'enseigner à des enfants que
le monde a été créé en six jours par un vieillard
éternel et barbu; que ce même vieillard a tiré
le genre humain du néant pour le plaisir unique
de le plonger, presque en totalité, dans les flam-
mes d'un enfer sans fin; que la terre est le centre
du monde et que le soleil tourne autour d'elle etc.
C'est consacrer l'ignorance, c'est ériger en dogmes l'injustice et l'immoralité. Je sais que nous
sommes liés par le Concordat; mais, ce traité
funeste aussitôt dénoncé, [2] le premier devoir du
gouvernement de la République sera d'interdire
à tous ces corrupteurs avérés de la jeunesse, le
droit d'enseigner. Il est inadmissible que le prêtre continue de détruire au catéchisme le fruit
du travail de l'instituteur à l'école. Tant que
l'on n'aura pas pris cette mesure décisive, la
Loi sur l'Instruction obligatoire ne produira pas
les résultats qu'on a le droit d'en espérer.

[1] Les Apôtres, p. 327,
[2] Voy. p. 140.

Quant à l'enseignement secondaire, l'Etat doit l'organiser et le surveiller avec un soin jaloux : car c'est dans les lycées que se recrute l'élite du pays, étant bien entendu, d'ailleurs, que ces maisons sont ouvertes gratuitement à tous les enfants pauvres ayant donné des preuves suffisantes de leur intelligence et de leur ardeur pour le travail. On ne saurait exagérer l'importance de cet enseignement, s'il est vrai, comme on l'a montré plus haut (p. 62); que les hommes formant l'élite intellectuelle d'une nation, constituent sa force vive et la base la plus solide de sa grandeur; or, d'une façon générale, il est hors de doute que de pareils hommes ne peuvent sortir de l'école primaire.

Mais un vent de malheur a soufflé sur la France, dans ces dernières années, ce qui me fait un devoir d'insister plus que je n'aurais voulu, sur ce grave sujet. Des hommes remplis de bonnes intentions, mais mal conseillés, ont dénaturé chez nous cet enseignement secondaire auquel il faut attacher un si grand prix. Je fais allusion, ici, aux réformes préparées par M. Jules Simon, et réalisées par l'arrêté du 2 août 1880, qui a porté un coup funeste à l'étude du Grec, et du Latin. Le Latin! comprend-on cela? et dans quel pays! chez cette nation, l'orgueil des races latines, l'héritière de la langue et de la grandeur Romaines, et qui doit à cette circonstance même l'honneur d'avoir imposé son propre langage à l'Europe entière, au moins pour ce qui concerne

les relations diplomatiques. Et dans quel moment?
Alors qu'à l'étranger, en Angleterre, par exemple, il n'y a guère, aujourd'hui, de jeune fille
bien élevée qui ne soit en état d'expliquer Virgile.[1]

Cependant, nous prenons aux serieux, les divagations des Alexandre Bain et des Spencer, que
leurs compatriotes savent si bien apprécier à leur
juste valeur. Nous citons, d'autre part, Diderot,
qui dans son « plan d'une université pour le
gouvernement de Russie », se prononce en l'exa-
gérant même, pour le système aujourd'hui à la
mode, et nous nous gardons bien d'aller jusqu'au
bout, de rappeler le passage où il s'écrie, parlant
du Grec et du Latin : « Ces deux langues, renferment de si grands modèles en tout genre,
qu'il est difficile d'atteindre à l'excellence du
goût sans les connaître...... Plusieurs années de
suite, j'ai été aussi religieux à lire un chant
d'Homère avant de me coucher que l'est un bon
prêtre à réciter son bréviaire. J'ai sucé de bonne
heure le lait d'Homère, de Virgile, d'Horace, d'A-
nacréon, de Térence, de Platon, d'Euripide,
coupé avec celui de Moïse et des prophètes. »[1]

Et c'est pour cela, ô Maître vénéré, que vous

_____

(1) Voy. dans l'intéressante étude de M. B. Buisson sur
l'*Enseignement des femmes en Angleterre*, le programme des
examens locaux d'Oxford et de C. Cambridge, (beaucoup de
femmes s'y présentent avec succès), et celui de *Bedford
Collège*, véritable modèle d'un lycée de jeunes filles, avec
ses cours de Grec, de Latin, de Mathématiques etc. (*Revue
internationale de l'Enseignement*. 1883).

(1) *Œuvres complètes. loc. cit.* tom. III. p. 444.

avez pu écrire avec un art inimitable, l'*Interprétation de la Nature*, le *Rêve de d'Alembert*, la *Religieuse* et tant d'autres chefs-d'œuvres qui vivront aussi longtemps que cette langue française, enrichie par vos travaux. Vous n'avez profité de l'étude d'Homère, dites-vous, qu'entre vingt et vingt-quatre ans; mais dès le collège vous aviez été exercé à cette étude, et l'on affirme, sans crainte d'être démenti que l'immense majorité des gens ne sauront jamais ni le Latin ni le Grec, si l'on compte qu'ils entreprendront ce travail après avoir atteint l'âge d'homme.

Il est vrai que Rousseau a dit : « Je ne crois pas que jusqu'à l'âge de douze et quinze ans, nul enfant, les prodiges à part, ait jamais appris deux langues. »(1) M. A. Bain répète cette sottise, sans parler de Rousseau, bien entendu; car c'est une des spécialités de Messieurs les psychologues et logiciens Anglais, de dédaigner la méthode historique et de tout tirer de leur propre cervelle. Cependant l'expérience démontre tous les jours la fausseté de cette assertion : la vérité est que l'étude des langues, et en particulier du Grec et du Latin, est celle dont les enfants profitent le mieux; c'est incontestablement la meilleure gymnastique pour l'intelligence en voie de développement.

« N'est-il pas profondément triste, s'écrie dans un autre coin M. Herbert Spencer, de voir les gens occupés de futilités, et indifférents aux plus

(1) *Emile*, liv. II. p.

sublimes phénomènes, — se souciant, comme
d'un fou, de l'architecture des cieux et s'intéressant vivement à quelque misérable controverse
à propos des intrigues de Marie Stuart ! — de
les voir critiquer savamment une ode Grecque,
et passer sans se détourner devant la grande
épopée tracée par le doigt de Dieu sur les couches superposées de la terre. »(¹) Très bien ! mais
sans insister sur l'idée grotesque de ce « doigt
de Dieu » amené là pour les besoins de la cause,
croyez-vous qu'un homme dépourvu d'une forte
éducation littéraire comprendra seulement la
portée de cette apostrophe? Pensez-vous qu'un
élève nourri surtout de géologie et d'algèbre,
verra matière à poésie dans la marche des pla-
nètes et la succession des couches terrestres ?
Pas le moins du monde : il n'y trouvera que des
sujets d'équations et des variétés de fossiles à
étiqueter, et nous retomberons dans l'utilitarisme
grossier des « crétins et goitreux » justement
flétris par Théophile Gauthier dans une préface
célèbre, — utilitarisme n'ayant rien de commun,
d'ailleurs, avec la théorie utilitaire proprement
dite.

On ne saurait donc réagir trop fortement contre cette tendance déplorable qui entraîne un
grand nombre d'esprits, vers la suppression des
études classiques. Je regrette d'avoir à employer
cette dernière épithète qui, chez nous, et mal-

(¹) Education, intellectual, moral and physical; Londres
1861.

heureusement, rappelle de suite Boileau et Cré-
billon. Mais il s'agit en réalité d'Eschyle et
d'Aristote, de Tacite et de Lucrèce, c'est-à-dire des
plus grands génies qui aient honoré l'esprit humain.
Faute d'une éducation littéraire complète, des
hommes admirablement doués, comme Dickens
par exemple, ont été incapables d'écrire un
chef-d'œuvre qui passe à la postérité; d'autres,
d'un génie très médiocre, comme Macaulay, sont
parvenus à une perfection relative, grâce à un
commerce assidu avec les anciens.(¹) Sans doute
cet enseignement est insuffisant; mais c'est lui
qui doit former la première couche, l'assise
solide sur laquelle viendra se superposer, d'une
façon inébranlable, l'enseignement scientifique.
J'entends bien que la Science soit la Religion de
l'avenir : mais, comme je l'ai dit : la Science
escortée par la Poésie et les Beaux-Arts. Je prie
du reste qu'on veuille bien ne pas confondre la
Science — titre sublime sous lequel peut s'abri-

(¹) « Pendant les treize derniers mois, écrit Macaulay à
la date du 30 novembre 1834, j'ai lu Eschyle deux fois, Euripide une fois... Hérodote, Thucydide, presque tout Xéno-
phon, presque tout Platon, la politique d'Aristote... Plaute,
Térence, Lucrèce deux fois » etc. (Lord Macaulay's Life
and Letters, by Trevelyan, 1876, tom. II. p. 441). C'est
grâce à l'étude assidue des anciens, — quelle que soit
d'ailleurs l'exagération ridicule du système — que cet esprit
médiocre est devenu un historien de mérite. C'est le rang
assigné aujourd'hui à Macaulay par ses compatriotes, revenus d'un enthousiasme exagéré. On ne prétend pas que
l'enseignement classique suffise à faire des grands hommes,
mais il suffit souvent à produire des hommes distingués, et,
d'autre part, des individus très bien doués, avortent parce
qu'ils en sont dépourvus.

ter l'ensemble des connaissances humaines avec l'enseignement scientifique spécial. Lorsque Napoléon III entreprit d'abrutir le peuple Français, il ne trouva rien de mieux que le système de la bifurcation, destiné à éloigner les jeunes gens des études littéraires. Même le baccalauréat ès-lettres cessa d'être exigé pour l'admission dans les Facultés de Médecine. Le résultat fut tel qu'au bout de quelques années, le gouvernement, pressé par les professeurs, dut rétablir ce baccalauréat comme introduction indispensable aux études médicales, menacées, sans lui, d'une complète décadence.

Que les ministres de la République ne se laissent donc pas détourner de la bonne voie par des réclamations sans fondement; on a été trop loin, déjà, dans le chemin des concessions. Il n'est que temps de rendre aux études classiques la prééminence qu'on n'aurait jamais dû leur enlever.(¹)

(¹) Il faut aussi que le public y mette du sien et cesse de rabâcher « qu'on fait trop travailler les enfants. » Encore un préjugé dû à la lecture de l'*Émile*. De fait, le temps perdu entre 8 et 18 ans ne se rattrape jamais! Ces dix années-là doivent être dix années de labeur assidu, sans qu'il s'agisse, d'ailleurs, de surmener les enfants. Ils ne regretteront pas le temps ainsi employé, quand on les aura mis à même, comme cela se doit, de passer heureusement et avec honneur les 40 ou 50 années ultérieures d'existence désirable (de 20 à 65 ou 70 ans) que la nature réserve à tout homme bien constitué et bien dirigé.

Au surplus, les « fils de famille » ne devraient pas oublier que le travail est la loi de l'Humanité et le premier devoir de tout individu communément bien organisé. J'accorde que le système actuel est déplorable au point de vue de la collation des grades; que le Baccalauréat dédoublé est bien plutôt, suivant l'expression d'un critique éminent,

Je n'ignore pas que quelques hommes de bonne
foi et un plus grand nombre de farceurs ont dé-
claré que la Démocratie était nécessairement le
régime de la médiocrité. « La culture formelle et
intellectuelle, écrit naïvement l'un d'eux, doit faire
place (dans une République), à une culture subs-
tantielle et pratique qui se propose moins de former des esprits délicats et raffinés que des intelligences saines. »(1) C'est tout bonnement la théorie
évangélique. Nous savons ce qu'il faut penser de
ces niaiseries et de ces insolences; nous nous
bornerons à rappeler à ces Messieurs que l'Etat le
plus policé, le plus fertile en grands esprits et en
intelligences raffinées, que la patrie, en un mot,
d'Aristote, de Périclès, d'Eschyle et d'Euripide, fut
précisément une République démocratique.

Quant à l'Enseignement supérieur, il est libre,
naturellement, dans une Démocratie; c'est un
corollaire forcé de la liberté de réunion, puisqu'il
s'agit ici d'adultes, d'êtres raisonnables, que l'Etat
n'a pas le devoir de prémunir contre le sophisme
et la superstition, comme dans le cas où les cours
s'adressent à des enfants.

Que si, maintenant, on entend par liberté de
l'Enseignement supérieur, le droit de collation
des grades accordé à des corps quelconques, je

---

le « Baccalauréat doublé ». Dans tous les cas, la décadence
actuelle des études classiques est un fait malheureusement
avéré et qui réclame des mesures énergiques et immédiates.

(1) *Revue internationale de l'Enseignement.* 1900, tom. V,
p. 135.

prétends qu'une pareille liberté, par le temps de Concordat et de jésuitisme qui court, est absolument incompatible avec la sûreté et la dignité de l'État.

Sans doute on objectera les abus possibles et le cas de M. Victor Duruy qui, dans une circonstance mémorable, signa, en qualité de grand maître de l'Université, l'arrêté grotesque commençant ainsi : « Considérant que la thèse soutenue par le sieur Grenier pour l'obtention du grade de docteur en médecine, contient la négation du principe même et de l'autorité des lois pénales » etc. Et ce nigaud cassait la décision de la Faculté de médecine et réprimandait les Professeurs, coupables d'avoir approuvé le travail d'un jeune docteur, qui concluait d'après les données de la science, contre la chimère du Libre-Arbitre!(1) Mais il n'y

---

(1) Le 29 Mars 1866. C'était au moment de la pétition des jésuites en faveur de la liberté de l'Enseignement supérieur. Un grand mouvement se produisait alors dans les Écoles pour la défense de la Faculté de médecine menacée, et je publiai dans le *Main Jaune* du 31 Mars 1868, une lettre contenant les passages suivants :

« La question du Libre Arbitre et de la Pensée, est de la compétence de ceux-là seuls qui connaissent le cerveau... Au fond, il n'y a pas à se dissimuler : les 3,200 pétitionnaires sont de l'école des de Lancre et des Sprenger, et derrière ces invocations sentimentales à la Liberté, se cachent les passions haineuses dont Servet et Bruno éprouvèrent autrefois les effets. Quant à moi, — qu'on n'accusera pas de partialité, puisque la permission d'enseigner m'est refusée, — je le déclare : voyant la Science et la Philosophie ... représentées ... les chaires de l'École de médecine ... je préfère mille fois l'état des choses actuel à une liberté d'occasion qui n'aurait d'autre

a pas à se préoccuper aujourd'hui, du rôle odieux
autant que ridicule joué dans cette affaire par le
susdit Académicien; il n'y a point de place pour
de tels actes dans un Etat organisé démocrati-
quement.

Sans insister davantage sur l'enseignement supérieur, je me bornerai à signaler un désidératum.
Il est regrettable que les cours de nos Facultés,
en dehors des Ecoles de Médecine et de Droit,
ne soient fréquentés que par deux catégories d'au-
diteurs : d'un côté, par des élèves aspirant au
titre de professeur, de l'autre par des amateurs
des deux sexes, très estimables sans doute, mais
incapables, pour la plupart, de retirer aucun fruit
sérieux des savantes leçons qu'ils entendent. Je
voudrais voir ces cours suivis, comme cela s'observe dans les universités étrangères, par des
jeunes gens se destinant aux carrières libérales, à
la littérature, à la politique etc. Pour obtenir ce
résultat, il y aurait lieu de créer un grade moins
difficile à obtenir que la Licence, et qui cependant
désignerait le titulaire comme un homme possédant

---

résultat que l'avénement des jésuites. » Voilà comment,
sous l'Empire même, nous savions défendre les vrais principes.

A ceux qui trouveraient que j'ai été trop loin, en ce qui
concerne M. Duruy, je dirai, en citant son éloge prononcé
dans ces termes par l'archevêque Darboy : « Il a licencié
l'Ecole Normale ; il a puni les élèves du Congrès de Liège,
il a réprimandé un professeur de l'Ecole de Médecine ; il a
annulé une thèse. » (Sénat, 22 mai 1868). C'est, de plus,
un scandale, que l'entrée à l'académie de ce pédant vulgaire
qui doit toute sa réputation à une « édition illustrée » d'un
mauvais livre, et ses idées « originales » à Mommsen.

des connaissances approfondies dans telle ou telle branche des connaissances, Philologie, Philosophie, Histoire etc.(1)

L'éducation doit être non seulement intellectuelle — ce qui est le point le plus délicat et le plus important — mais encore physique et morale. Pour l'Éducation physique, tout le monde est d'accord et on commence, chez nous, depuis quelque temps, à s'en occuper sérieusement. L'intelligence se cultivera le mieux dans des corps sains — et beaux, autant que possible. Quant à la Morale, je ne puis mieux faire que de citer les paroles de mon illustre Maître et ami, le philosophe Louis Büchner :

« C'est l'accord de l'intérêt particulier avec l'intérêt général qui constitue le grand principe moral de l'avenir... La conscience publique est en même temps la conscience de l'individu et cette conscience publique ne peut avoir sa source que dans un état social et politique raisonnable, propre à donner satisfaction aux besoins de l'homme, et dans une éducation, dans une culture basée sur les principes de l'amour de l'Humanité. C'est dans

(1) En Angleterre les enfants de la bourgeoisie entrent, beaucoup plus souvent que chez nous, dans le commerce ou dans l'industrie, et se contentent d'études *spéciales* et rudimentaires. Mais, en revanche, la plupart des « fils de famille », qui embrassent une carrière libérale ou vivent de leurs rentes, ont à cœur de devenir des M. A. (*Masters of Arts*) d'Oxford ou de Cambridge. Au sortir du collège et après avoir passé un examen de *matriculation*, dans le genre de notre baccalauréat, ils suivent pendant trois ans un cours complet d'études classiques. De là, dans la classe moyenne, un niveau littéraire extrêmement élevé.

le moment si propice à l'éducation et à l'instruction,
où l'esprit est si accessible aux impressions du
dedans et du dehors, c'est pendant la jeunesse
qu'il faut jeter les fondements de cette conscience
et, par conséquent, de toute morale : et ce doit
être le but le plus élevé de l'éducation publique et
générale que d'éveiller et de fortifier chez le jeune
homme les aptitudes et les penchants utiles à la
société, en affaiblissant et en étouffant, au contraire, ceux qui lui sont nuisibles »(1)

On voit donc qu'il s'agit d'une science complexe, difficile, et faisant corps, ainsi qu'on l'a déjà
dit, avec la politique : elle devra être l'objet d'une
étude spéciale, seulement dans la classe de Philosophie et dans les facultés. Mais on enseignera la
morale pratique aux enfants dès l'âge le plus ten-
dre, par la parole et par des exemples, — beaucoup mieux que par des manuels, à moins qu'on
ne veuille désigner sous ce titre des recueils bien
composés, renfermant le récit de belles et grandes
actions.(2) On inscrira sur les murs de l'école la
traduction de la maxime anglaise : *honesty is the*

(1) *Force et Matière*, 15e édition. Traduction A. Regnard.
p. 514-515.

(1) On n'aurait besoin dit Condorcet, ni d'enseigner ni de
prouver les préceptes, mais seulement de les faire remarquer. » (*Rapport sur l'organisation générale de l'Instruction
publique*; Paris, 1793). Un bon choix de « vies de Plutar-
que » serait sans doute le meilleur livre en ce genre. Citons
aussi l'excellent recueil publié en 1864 par A. Rogeard, et
qui sous le titre de « Cours de Versions latines » (Paris,
Hachette), constitue le meilleur des traités de morale et de
politique pratique à l'usage des jeunes gens. Il y a une traduction pour les déshérités qui ne savent pas le latin.

best policy. — « C'est en se conduisant bien qu'on réussit le mieux dans la vie. » Ce n'est peut être ni angélique, ni évangélique : c'est humain et vrai, — cela nous suffit.

Du reste, il y aura toujours, comme je l'ai dit ailleurs, des cœurs d'élite pour qui la gloire d'avoir servi la bonne cause, quoique vaincue, sera le bonheur le plus réel et le plus sublime. Et loin que le dévouement soit un démenti à la théorie de l'Intérêt bien entendu, il en est, au contraire, la plus éclatante confirmation. « L'homme parfait, dit Aristote, négligera la richesse, les honneurs, en un mot, tous les biens que la foule se dispute, et ne se réservera que l'honneur et la gloire (*to kalon*). Il préfère une vive jouissance, ne dura-t-elle qu'un moment, à une vie de plaisirs médiocres et sans gloire. »[1] Eclatante consécration donnée par le philosophe de Stagire à la morale de l'Athéisme! J'ajoute que c'est surtout en *favorisant le développement de l'Intelligence et en excitant, chez les jeunes gens, le louable désir de se distinguer, que l'on arrivera à susciter de pareils dévouements.*

Au lieu de tout cela ; que sert-on actuellement aux élèves de la République? Des « manuels de morale », dans lesquels on enseigne à des enfants de dix ans que « le *bien* est l'ensemble des actes conformes à la destinée humaine » ! Des traités plus « relevés » où l'on imprime que « la sanction

[1] *Éthic. Nicomach.* IX, 8. Cité dans « l'Athéisme » p. 103.

11

supérieure et parfaite de la loi morale n'est possible que si l'âme survit au corps et que s'il existe un Dieu. » De sorte que s'il n'en existe pas, comme les jeunes gens l'entendent affirmer tous les jours par des personnages haut placés, par des savants et des hommes politiques justement considérés; voilà toutes les vertus au diable ! En vérité, l'enseignement de la morale et de la philosophie est infecté jusqu'à la moëlle, — de l'école primaire à la Sorbonne en passant par les lycées — d'un Eclectisme de troisième ordre et d'un Kantisme de bas étage qui nous rendront bientôt la risée de l'Europe savante, si on n'y met bon ordre. Et cela, dans la patrie de Diderot et de Gambetta !

Je signale le fait à la haute sollicitude du gouvernement de la République; il y a péril en la demeure, cette morale ne pouvant fabriquer que des sots ou des hypocrites. Je sais que les Ministres ont contre eux les résistances de tous les cuistres : et leur nombre est légion. Mais s'ils ont besoin d'être encouragés par un précédent, je les engagerai à rééditer tout simplement la remarquable circulaire adressée aux professeurs par le Ministre de l'Instruction publique, le 30 Thermidor an VII, et qui est ainsi conçue :

« Citoyens,

« Je vous dirai que je suis très fâché que vous établissiez formellement que, sans l'immortalité de l'âme et les peines et les récompenses d'une vie à venir, les lois naturelles ne seraient pas obligatoires. Elles le seraient et elles le sont de par l'autorité de la Nature qui est telle, qu'un homme nuit toujours à son bonheur réel quand il agit contre les vrais principes de la saine morale. D'ailleurs, comme enfin ce dogme d'une vie à venir n'est pas susceptible d'une démonstration rigoureuse, appuyer uniquement sur lui toutes nos obligations, c'est faire reposer toute la morale sur une base incertaine. Je vous exhorte, au contraire, à bien faire voir aux jeunes gens que leur bonheur dans ce monde dépend de l'accomplissement de leurs devoirs et de leur obéissance aux décisions de la raison. »

Telle est la vérité pure, facile, d'ailleurs, à exposer et à faire comprendre. L'exemple authentique de deux ou trois scélérats heureux n'infirme pas la règle, confirmée encore par le grand nombre de criminels dont la vie se termine au bagne ou à Clairvaux. Beaucoup de ces derniers sont d'ailleurs des malheureux dignes de pitié plus encore que de dégoût, dont la conduite résulte nécessairement de la conformation vicieuse et héréditaire de leur cerveau, comme je l'ai indiqué précédemment. Les enfants ainsi mal doués et certainement incorrigibles, devront être signalés par l'instituteur et élevés dans des maisons spéciales. Devenus plus tard assassins, ou récidivistes incurables, on les enfermera pour le reste de leurs jours dans des asiles qui tiendront le milieu entre les prisons actuelles et les maisons de fous. Ainsi le veut la morale scientifique ou utilitaire. Quelles que soient les causes ayant déterminé sa volonté, tout individu

est responsable des dommages causés par son fait,
et la Société a le droit et le devoir de se prémunir
contre ses méfaits ultérieurs ; seulement la peine
de mort serait de la cruauté pure, étant bien avéré
qu'il n'y a pas d'espoir d'effrayer et de corriger
par cet exemple les meurtriers à venir, puisque les
pires d'entre eux le sont par nécessité de nature.(1)

Mais il ne suffit pas de présider à l'éducation
des enfants et des jeunes gens ; l'Etat a encore
d'autres devoirs à remplir. Il faut à un peuple
une foi commune qui réunisse tous les citoyens
dans une même aspiration. J'ai dit plus haut que
la « religion » de l'avenir, serait, au point de
vue abstrait, la Science escortée par la Poésie et
les Beaux Arts ; au point de vue concret, cette
formule se réalise pour nous, actuellement, dans
la Révolution, dans l'ensemble des dogmes et des
doctrines formulés au moment de cette époque
incomparable, qui marque l'inauguration d'une
ère nouvelle dans l'histoire du monde. « Elle a
inspiré le prosélytisme et fait naître la propa-
gande, dit de Tocqueville, amené à en faire l'é-
loge. Par là enfin, elle a pu prendre cet air de
révolution religieuse qui a tant épouvanté les
contemporains : ou plutôt elle est devenue elle-
même une sorte de religion nouvelle, religion
imparfaite, il est vrai, sans Dieu, sans culte et sans
autre vie, mais qui néanmoins comme l'Islamis-

(1) Cf. l'ouvrage si intéressant du professeur C. Lombroso :
L'uomo delinquente, Torino 1878. — et mon article « *Cri-
minalité* », dans le *dictionnaire de Médecine Usuelle*, Paris,
Marpon et Flammarion, 1884.

me, a inondé toute la terre de ses soldats, de ses apôtres et de ses martyrs. »(1) Foi nouvelle et parfaite, disons-nous, sans Dieu, en effet, et sans autre vie, mais non sans culte, puisqu'elle présente à notre amour et à notre vénération, la Patrie et l'Humanité! Il appartient à l'Etat d'entretenir et de raviver cette foi nécessaire par des institutions appropriées, dont la nécessité avait été si bien comprise par les hommes de 93.

Le premier devoir qui s'impose ici, et d'une façon urgente, au gouvernement de la République, c'est de rétablir le calendrier qu'il convient de désigner sous le titre, plus général, de « Calendrier de l'Ere Révolutionnaire. » Il est de mode aujourd'hui parmi nos jeunes politiciens, de se donner des airs en dédaignant ces « accessoires » comme ils disent. En cela ils font preuve d'ignorance et d'incapacité notoire. Outre qu'il n'y a rien de tel que les signes extérieurs et multipliés pour modifier les mœurs, une nation émancipée et qui se respecte ne peut s'obstiner à dater « de l'imposture du Galiléen », suivant l'expression de Mérimée.

Dans son rapport sur le calendrier républicain, Romme proclamait en termes magnifiques la nécessité d'en finir avec l'ère vulgaire, qui fut l'ère de la cruauté, du mensonge, de la perfidie et de l'esclavage. « Le temps, s'écriait-il en face des conventionnels enthousiasmés, le temps ou-

(1) *L'ancien Régime et la Révolution*, p. 39.

vre un nouveau livre à l'histoire, et dans sa marche majestueuse et simple comme l'Egalité, il doit graver d'un burin neuf et pur les annales de la France régénérée. » Après avoir été fermé pendant trois quarts de siècle, du Coup d'Etat de Brumaire à la journée de Sédan, ce livre s'ouvre une fois de plus, et nécessairement, sous les auspices de l'ère nouvelle.

Je passe sous silence les objections puériles dirigées par le réactionnaire Lanjuinais contre le « calendrier des assassins de la France »[1] objections répétées depuis, non seulement par ses pareils, mais par un certain nombre d'honnêtes gens peu au courant de la question. De fait, les « assassins » s'appelaient, dans le cas présent, Romme, Monge, Lagrange, Lalande, Laplace — les quatre derniers étant les plus grands mathématiciens et astronomes des temps modernes. Cette garantie nous semble suffisante.

On peut regretter, il est vrai, avec l'Ecole Positiviste, que les républicains de la Convention n'aient pas cru devoir choisir l'année 1789 comme point de départ de l'ère nouvelle. Cependant, s'il est vrai de dire que la Révolution était en voie d'accomplissement depuis cette époque, le triomphe ne peut être considéré comme définitif qu'à partir de la chute de la Royauté et la pro-

[1] « Opinion de Lanjuinais sur l'introduction du calendrier des Tyrans dans la Constitution républicaine, » dans la collection du *British Museum*, à Londres, intitulée : *Bibliothèque historique de la Révolution.* Vol. 1.185. pièce n° 6.

clamation de la République. Je m'étonne qu'Auguste Comte n'ait pas été frappé de ce fait, — si bien apprécié cependant, par lui-même et par ses disciples,[1] — quand il eut la malencontreuse idée de faire dater de 1789, l'ère qu'il eut le tort d'appeler « positiviste. » Quelles que soient d'ailleurs, les préférences pour telle ou telle date, comment n'aperçut-il pas l'avantage immense, résultant du fait accompli? Nous avons déjà un passé, une tradition, le calendrier révolutionnaire ayant reçu la consécration de la légalité et de l'usage. Aussi longtemps qu'il y aura une langue française, les dates du 13 Vendémiaire, du 18 Fructidor, les expressions de « Thermidoriens » et autres, vivront dans la mémoire des hommes. Les gouvernements les plus rétrogrades n'ont pas eu le pouvoir de les supprimer, pas plus que celui de faire disparaître du recueil de nos lois, les noms des mois de l'année républicaine.

Du reste, le principe du calendrier une fois admis, il est possible et même nécessaire de corriger les imperfections de détails. Il y a surtout une innovation plus importante à introduire. Sans doute, c'était une louable idée, que celle en vertu de laquelle on rendait hommage à la Nature et au travail agricole, en inscrivant dans

[1] « C'est cette illusion inouïe (la conservation de la Royauté) qui donna à cette phase de la Révolution son caractère incomplet et préliminaire, malgré les résultats considérables qu'elle obtint, mais qui fussent devenus eux-mêmes *incertains, sans l'effort définitif effectué dans la phase suivante par la Convention.* » (La Révolution, par Pierre Laffitte, p. 98).

le calendrier le nom des principaux produits de
la terre et celui des instruments aratoires. Cependant, il y a un produit de notre mère commune, — *Pammétór gué*, — qui nous intéresse
davantage : c'est l'Homme; il y a des bienfaits
plus grands que ceux qui se trouvent ainsi men-
tionnés : ce sont les services rendus par les ancêtres, dont la chaîne continue représente dans
son ensemble cette Humanité souffrante, mili-
tante et parfois triomphante qui nous a faits ce
que nous sommes.

C'est pourquoi les noms de ces ancêtres glorieux remplaceront dans le calendrier de la
Révolution, ceux des produits de la terre. L'antiquité — qui a tout compris, — avait su se placer
au vrai point de vue en rendant aux « Héros »
c'est-à-dire aux grands hommes, les plus grands
honneurs, et même en les déifiant : apothéoses
pleinement justifiées, dans certains cas et nullement dangereuses.(1) Les seuls chrétiens, par
suite d'une animosité facile à comprendre tour-
nèrent en ridicule les grands citoyens du Paga-

---

(1) Le danger n'est pas dans le fait des hommes dont on
fait des Dieux : chacun sait à quoi s'en tenir, au fond, et
c'est seulement flatteur pour l'espèce. La chose est toute
différente quand c'est un « Dieu » qui se fait homme :
nous sommes alors, en plein, dans le surnaturel et il n'y a
plus de limites à l'absurdité des conceptions.

D'ailleurs, je ne fais pas seulement allusions aux demi-
dieux d'Hésiode. Léonidas avait un autel à Sparte. Miltiade
en avait un en Thrace. Bien plus, Démocrite, le premier
des grands matérialistes eut un temple à Abdère et les habitants de Stagire eurent la glorieuse idée d'en élever un
à Aristote. (Cf. Pausanias, III et Diog. Laert. I et IX).

nisme pour y substituer leurs Polycarpes et autres St-Crépins. La Révolution, sur ce point encore, rentra dans les vrais principes en revenant à l'antiquité. Si elle eut le tort de ne pas inscrire dans son calendrier les noms des grands hommes, c'est elle, du moins, qui de nouveau leur consacra un temple, leur restitua un Panthéon au nom de la Patrie reconnaissante.

N'oublions pas, d'ailleurs, que toutes les grandes idées soulevées alors, et qui constituent les Dogmes de la Révolution, furent loin d'être appliquées dans leur ensemble. Trop souvent les théories métaphysiques et véritablement contre-révolutionnaires de Rousseau l'emportèrent. C'est même sur ce fait que se sont basés les Positivistes pour représenter leur doctrine comme supérieure à la Révolution, qu'ils qualifient de « métaphysique » et de rétrograde, au moins par rapport à eux. Erreur involontaire, mais désastreuse par ses conséquences, en ce qu'elle tend à éloigner de la communion des fidèles, ces hommes pleins d'honneur et de dévouement. Non! le *Contrat social*, Rousseau et Robespierre ne sont pas « la Révolution ». Elle est toute entière, en puissance dans l'Encyclopédie et dans les écrits des grands précurseurs, — en acte, *energucia*, dans les Danton, les Chaumette et les Condorcet, et nous n'avons rien de mieux à faire que de la réaliser puisqu'enfin par l'Être suprême, le Catholicisme et la Monarchie, elle a été étouffée avant d'avoir pu porter tous ses fruits.

C'est ainsi que l'idée d'un calendrier des grands hommes se retrouve à son aurore même. Dès 1788, Sylvain Maréchal, — « un autre ennemi personnel de Dieu et des rois, » — suivant l'expression caractéristique de l'historien de Danton,[1] publiait son *Almanach des honnêtes gens*, daté de « l'an premier du règne de la Raison. » Les noms des hommes les plus illustres de tous les temps s'y trouvaient substitués à ceux des saints. L'auteur en annonçant son intention de réunir tous les habitants de la terre par un lien commun de Fraternité, donnait ce premier essai « comme le germe informe d'un ouvrage plus important, comme le portique ébauché d'un édifice de paix, où les hommes se trouveront un jour plus à l'aise que partout ailleurs. »[2] Dès les premières années de la Révolution, des Almanachs de ce genre se multiplièrent et très rapidement, vulgarisèrent cette heureuse innovation.

Si, en effet, comme je le crois conformément aux données de la Philosophie Matérialiste, l'institution des récompenses est indispensable dans un état bien ordonné, je n'en vois pas de

[1] *Loc. cit.* p. 66.

[2] De plus, chaque mois était divisé par décades : les 5 ou 6 jours restant servaient d'épagomènes et pouvaient être consacrés à des fêtes morales, à la Reconnaissance, à l'amour etc. On n'a pas assez remarqué l'influence exercée par Sylvain Maréchal, qui datait, dès 1788, du règne de la Raison, et fut très lié avec Chaumette.

plus haute et de plus désirable pour les hommes
d'élite, que cette espérance d'une consécration
perpétuelle de leur mémoire. Libre à Bossuet,
dans une péroraison aussi splendide dans
la forme que ridicule dans le fond, de déplorer
cette « triste immortalité » que nous donnons
aux héros. L'immortalité réelle et la seule désirable, est précisément celle qui perpétue un nom
d'âge en âge, dans le souvenir des générations
successives. Le premier devoir d'une Démocratie,
c'est d'inscrire dans ses fastes les noms des plus
illustres de ses enfants, honorés préalablement
par de dignes funérailles.

Quel homme de cœur a pu lire sans émotion
le récit des obsèques de Marat et de Lepelletier?
Qui de nous, bien mieux encore, — puisqu'enfin
le sort contraire nous a enlevé, dans tout l'éclat
de son génie, notre plus grand homme politique
en ce siècle, — qui de nous, en suivant le cercueil de Gambetta, ne s'est senti frémir de douleur en même temps que d'admiration, à l'aspect
de ces funérailles, sans Dieu ni prêtres, mais les
plus pieuses, les plus touchantes et les plus
magnifiques qui furent jamais? C'est ici la vraie
morale et le culte nécessaire, dignes d'une grande
nation et d'un peuple reconnaissant.(1)

---

(1) Inutile de s'arrêter aux criailleries des austères et des
« purs », prétendant qu'on « remplace un culte par un autre », — « stylites » inconscients qui ne veulent ni statues,
ni fleurs, ni drapeaux, ni pompes civiles d'aucune sorte. Il
n'y a qu'à renvoyer à leur colonne ces échappés de la
Thébaïde, bouffis de suffisance, en réalité, et dont le plus
grand plaisir est de déposer des ordures au pied des monu-

Le rétablissement du calendrier de l'ère moderne ou révolutionnaire, avec l'importante modification indiquée, devra être accompagné de l'institution de Fêtes nationales, institution dont la nécessité avait été si bien comprise par les hommes de la Commune et de la Convention. Chaque Décadi, dans les Temples de la Patrie et de l'Humanité, dans ceux de la Raison, de la Concorde, de la Victoire etc., les Républicains viendront entendre l'éloge des grands hommes, le récit des belles actions, la lecture des nouvelles politiques de la Décade etc. etc. Un magistrat municipal, revêtu de ses insignes, présidera ces cérémonies. Dans les villes, les artistes et les différentes sociétés, à Paris, le Conservatoire, prêteront leur concours. On rétablira dans les municipalités l'autel de la Patrie — autel sans Dieu ni prêtres, quoi que puissent dire les ignodauds — et les cérémonies civiles seront célébrées avec toute la pompe nécessaire, et qui leur fait si complètement défaut aujourd'hui.

Il y aura, en outre, de grandes fêtes, des « fêtes majeures », selon l'expression de Lequinio, qui seront célébreés à l'occasion de l'anniversaire des grandes journées : par exemple, le 26 Messidor (14 juillet), le 1er Vendémiaire (fête

---

ment de nos grands hommes, assurés qu'ils sont de n'avoir jamais le leur. Notez que la plupart de ces légumistes sont surtout sujets aux indigestions de champagne et de dinde truffée; ce qui ne nous regarderait pas, s'ils n'affectaient de se donner comme des buveurs d'eau. A tous les degrés de l'échelle des partis, on retrouve le « Tartuffe de la Politique. »

de l'Humanité et de la fondation de la République) etc. Dans ces grandes cérémonies, l'Assemblée des Représentants du Peuple, à Paris, les
corps constitués dans les différentes communes,
devront figurer d'une façon active, afin de leur
donner toute la solennité nécessaire. Autrement
on a bien des bals, feux d'artifice, mâts de coca-
gne et autres divertissements qui constituent sans
doute l'un des éléments naturels de ces fêtes publiques ; on n'a pas l'élément politique et social,
le plus indispensable de tous.(1)

Ajoutez que dans la belle ordonnance de ces
cérémonies, sous la direction des meilleurs artistes de la République, l'élément esthétique trouvera
la place qui lui est due, et cela, pour le plus
grand avantage et la plus grande jouissance de
tous les citoyens. La Philosophie Matérialiste sait
apprécier, mieux qu'aucune autre, la haute importance de l'Art dans la vie de l'Humanité. Elle
seule est en mesure de poser les bases scientifiques, réelles de l'Esthétique, et de porter à son
actif, comme je l'ai montré ailleurs,(1) les Phi-

---

(1) Je publierai prochainement un *Calendrier de l'ère
moderne* ou *Révolutionnaire* avec l'indication des fêtes
principales et les noms des grands hommes, disposés d'une
façon systématique, en mettant à profit les travaux des prédécesseurs, depuis Sylvain Maréchal, jusqu'à Auguste Comte.
Les mois de l'année républicaine seront consacrés spécialement à douze « héros » choisis parmi les plus illustres et
dont la fête sera célébrée le 1er décadi de chaque mois en
associant leurs noms aux grandes idées qu'ils symboliseront
par exemple, Aristote, à l'Humanité ; — Shakespeare, au
génie ; — Diderot, à la Libre-Pensée etc.

(1) L'*Athéisme* p. 84-100 ; — le journal *La Révolution*,
no 1 (20 Thermidor, an 89) ; — mon travail sur *Shelley*,
dans la Revue *La Jeune France* (Mai-Août 1881).

dias, les Euripide, les Lucrèce, les Molière, et les Shakespeare.

C'est ainsi que le gouvernement démocratique, tout en perfectionnant l'instruction des citoyens et en multipliant leurs jouissances, pourra exercer sur l'opinion publique l'influence la plus salutaire ; c'est ainsi que nous arriverons, n'en déplaise à M. Taine, à établir d'une façon définitive, en la basant uniquement sur la Science et les Beaux-Arts, cette religion civique(1) destinée à remplacer le Christianisme expirant. Notez, d'ailleurs, qu'il ne s'agit nullement d'utopies ; que le calendrier républicain a déjà été mis en usage : que les fêtes nationales et les décadis ont été acceptés et célébrés par l'immense majorité des Français : qu'en un mot il suffit de remettre en vigueur, avec quelques perfectionnements dans le détail, des lois connues et parfaitement observées pendant près de quinze années — *grande mortalis ævi spatium.*

Que si nos modernes législateurs allèguent la possibilité d'une certaine agitation, représentée

(1) « Pantins, marionnettes, cuistres, bourreaux » etc., telles sont les injures prodiguées à la Convention et au Directoire, à propos de leur noble et si logique tentative en ce sens, par l'auteur des *Origines de la France contemporaine.* Cet ancien philosophe, qui prétend appliquer à l'Histoire les procédés de l'Entomologie, ne s'est pas aperçu qu'étudier ainsi la Révolution, c'était prendre une loupe pour examiner le Mont-Blanc. C'est l'explication des incohérences et des contradictions dont son livre fourmille. C'est aussi l'excuse à alléguer en faveur d'un homme qui eut des débuts honorables, mais que le désir immodéré de paraître original, joint à un défaut complet d'esprit scientifique a réduit à la triste situation d'un Mortimer Ternaux de seconde main.

comme inséparable de la promulgation d'une pareille mesure, on leur repondra avec le conventionnel Bigonnet :

« Qui n'est pas convaincu, au contraire, que c'est cette marche craintive et incertaine qui entretient la division dans la société et en prolonge les angoisses? Lorsque vous pouvez déterminer l'opinion sur un point qui doit influer puissamment sur les destinées de la République et que vous balancez, l'ennemi qui vous observe en tire la conséquence que vous ne le voulez ou que vous ne l'osez pas.... Le législateur républicain peut avoir pour l'erreur ou la faiblesse une indulgence réfléchie, mais il ne transige pas lorsqu'il lutte contre une perfidie avérée dont les effets peuvent être funestes à la liberté publique. »[1]

La Famille

La famille, la propriété et le travail se relient de la façon la plus étroite : pas de famille sans quelque propriété, sans l'accumulation des matériaux indispensables pour sa subsistance et son bienêtre; pas de propriété sans travail, — du moins devrait-il en être ainsi dans l'ordre normal des choses. Le mot *familia*, (de l'osque *famel*, *famulus* serviteur) exprime d'abord l'idée de la propriété servile, puis la propriété des choses aussi bien que celle des personnes.

[1] Conseil des Cinq Cents. *Opinion de Bigonnet sur le projet de résolution relatif au calendrier Républicain.* Séance du 1er Thermidor an 6

La Famille est une petite communauté — un être collectif, disent les positivistes — formée par l'union de l'homme et de la femme et par les enfants provenant de cette union. Tel est au moins le dernier terme de l'évolution humaine, pour le cas qui nous occupe. C'est un fait essentiellement naturel, indispensable au bonheur de l'homme, résultant de notre organisation même et qui pourtant ne reçoit sa consécration définitive, ne devient une réalité que par l'intervention de l'Etat.

« A quel titre, demande Emile de Girardin, l'Etat intervient-il pour marier les gens, soit à perpétuité, soit à temps?» Tout simplement parce que en dehors du contrat consacré par la puissance souveraine émanant de la collectivité, il n'y a pas de mariage : il n'y a plus que l'amour et l'union libres. Nous ne nions pas la légitimité de ces états anormaux dans les cas exceptionnels ; mais les exceptions n'infirment pas la règle.

Il y a bien longtemps que Platon le grand chef des spiritualistes, dominé par le désir chimérique d'instituer l'unité *absolue* de l'Etat, établit en principe avec la communauté des biens, celle des femmes et des enfants (1). Aristote, guidé par une méthode tout opposée, celle de la philosophie scientifique, arrive à des conclusions différentes et nous donne dans un style admirable, la théorie à peu près complète de la Famille. L'Etat, fait-il observer, n'est pas seulement une multitude comme

(1) Platon, *Politeia*, liv. V.

une confédération militaire ou une armée, mais une multitude composée d'éléments divers, et, quel que soit le degré d'égalité qui rapproche ses membres, ils ne sont pas absolument homogènes; sous ce rapport, l'uniformité absolue, l'unité, comme Platon l'entend, loin d'être le souverain bien de l'Etat, en est tout simplement la ruine. D'autre part, supprimer la Famille, c'est aller contre un besoin naturel et détruire une des plus grandes sources du bonheur humain. Le novateur a senti l'inconvénient et a tenté d'y remédier en conservant les titres de fils et de filles pour toute une série d'enfants nés dans une même période. « Mais quoi ! chaque citoyen pourra dire de milliers d'enfants, en parlant de chacun d'eux: voilà mon fils!» Et cessant de railler, Aristote termine par ces belles paroles : « Ainsi que quelques gouttes de miel perdent leur saveur dans un vase plein d'eau, ainsi les liens de famille les plus doux disparaissent dans une pareille communauté, où il n'y a vraiment pas de raison pour qu'un père s'occupe de son fils ou un fils de son père. Car l'homme s'éprend et se soucie surtout de deux choses : ce qui est *sien*, et ce qui réveille ses affections. Or, rien de semblable n'existe dans l'Etat de Platon. » (1)

La science démontre donc la nécessité de conserver la Famille, l'une des conditions fondamentales du bonheur de l'homme: l'Etat intervient pour l'établir et la conserver.

Mais il intervient, de plus, pour la régler, confor-

_____

(1) Aristote, *Polit.* II. 1

mément aux nécessités de l'institution elle-même et
aux exigences de l'ordre social. C'est ainsi qu'il
maintient, dans de justes limites, d'ailleurs, l'autorité du père. On a prétendu que Platon, en attribuant
à la femme les mêmes occupations qu'à l'homme,
avait voulu la dégager des chaînes d'une soi-disant
servitude, préparant aussi son émancipation par le
Christianisme. Une double absurdité! car tout en la
déclarant apte aux travaux de l'autre sexe, il insiste
continuellement sur son infériorité; mettant la différence non dans la nature des aptitudes, mais dans
le degré d'intelligence dont elle est susceptible : ce
qui est la façon la plus injurieuse de concevoir la
chose.

Quand au Christianisme, il n'a pas plus amélioré
la situation de la femme que celle de l'esclave, au
contraire! Dans le monde romain, la dernière forme civile du mariage (*usus*) avait fini par se géné-
raliser, et avec des conditions de plus en plus favo-
rables pour l'épouse. » Les droits qu'elle tenait de
sa propre famille demeuraient intacts, dit Sir Henry
Maine, sous la surveillance de ses tuteurs dont
l'autorité en beaucoup de points, l'emportait sur
celle du mari. Il en était résulté pour la femme
romaine, mariée ou non, une indépendance très
grande au point de vue de sa personne et de ses
biens, car les dernières lois tendaient à annuler en
quelque sorte l'autorité des tuteurs, tandis que celle
du mari n'était en aucune façon renforcée par la
forme du mariage alors à la mode. Le Christianisme,
au contraire, tendit à restreindre dès le début, cette

— 179 —

indépendance si remarquable. Guidés d'abord par
leur aversion pour les pratiques du monde païen,
poussés ensuite par leur rage d'ascètes, les docteurs
de la foi nouvelle virent d'un mauvais œil cette
forme du lien conjugal, la plus lâche qu'on eut encore observée dans le monde occidental. La législation romaine de la dernière époque, en tant qu'elle
est modifiée par les constitutions des empereurs
chrétiens, porte l'empreinte d'une réaction évidente
contre les doctrines libérales des grands jurisconsultes de l'ère des Antonins. » (¹)

Le Monothéisme juif, modifié par Paul et ses
successeurs, n'a pas non plus élevé le niveau de
la moralité de la femme; il a bien plutôt produit l'effet contraire. Sans doute il y a longtemps
que la congrégation des dévots et des naïfs s'en
va chantant sur un air connu, les sempiternelles
litanies en l'honneur des « vertus modernes et
chrétiennes. » Mais qu'il me suffise de rappeler
l'existence, dans les légendes antiques, des types
éternels de l'idéal féminin dans la Famille : je
cherche en vain dans les temps nouveaux, une
épouse plus fidèle que Pénélope, une femme plus
dévouée qu'Alceste, une fille et une sœur plus
touchantes qu'Antigone.

Quoiqu'il en soit de cette digression, c'est encore l'immortel auteur de la *Politique* qui a su
démêler la vérité. Il voit très bien, à l'encontre
de Platon, que les qualités de la femme et celles
de l'homme sont d'ordre différent. Leur rôle est

(1) *Ancient Law.* p. 155-56.

de se compléter l'un par l'autre : le devoir du chef de famille est d'acquérir, celui de l'épouse de conserver. Car la Nature, dit-il, a fait le mâle plus fort pour que l'audace et le courage le rendissent propre à la défense ; la femelle, plus faible, est destinée par sa timidité naturelle, à la garde et à la conservation du foyer. D'ailleurs, l'homme et la femme, éléments de la Famille font tous deux partie intégrante de l'Etat, « *de sorte que là où la Constitution n'a pas parlé des femmes, on peut dire que la moitié de l'Etat est sans lois* » (Polit. II. 5).

Ce rôle, si naturel et si glorieux de la femme, qui s'en allait sans cesse grandissant dans l'antiquité, et que le Moyen Age lui a ravi, — la Révolution est en train de le lui rendre. Déjà le Divorce enfin rétabli, grâce à l'opiniâtre et victorieuse campagne d'Alfred Naquet, rend la liberté aux malheureuses qu'une loi barbare maintenait dans les liens d'une servitude sans fin ; n'en déplaise aux dissidents, les unions mal assorties constituent la plaie saignante et l'argument le plus redoutable contre l'institution de la Famille. On comprend que les catholiques, qui font du mariage un sacrement, le considèrent comme un lien indissoluble ; quant aux autres, quant aux « infidèles » leur argumentation ne supporte pas l'examen[1] Bien entendu, il faudra complé-

---

[1] On la trouvera résumée dans les *Essais moraux et politiques* de Hume (18e Essai, *La Polygamie et le Divorce*). Dans l'espèce, le grand philosophe fait complètement fausse route.

ter la loi, en y insérant l'article 2, titre VI, du code civil, voté dans la séance de la Convention du 29 Août 1793 : « Le divorce a lieu par le consentement mutuel des époux ou par la volonté d'un seul. »

De plus, il faut que les femmes soient délivrées, dans la mesure du possible, de toutes les entraves qui gênent encore le développement et le libre exercice de leurs facultés intellectuelles. Quant à la question de savoir s'il convient de leur accorder la jouissance des droits politiques, c'est un grave problème dont l'examen s'impose, dès maintenant à l'attention des penseurs. Ne pouvant entrer ici dans une discussion approfondie, je me bornerai à citer l'opinion de deux Maîtres, de deux représentants autorisés de la Philosophie matérialiste.

« Ce changement (l'admission des femmes au droit de cité), dira-t-on, serait contraire à l'utilité générale, écrit Condorcet, parce qu'il écarterait les femmes des soins que la nature semble leur reserver.

« Cette objection ne me paraît pas bien fondée Quelque constitution que l'on établisse, il n'y aura jamais qu'un petit nombre de citoyens qui puissent s'occuper (activement) des affaires publiques. On n'arracherait pas les femmes à leur ménage, plus que l'on n'arrache les laboureurs à leur charrue, les artisans à leurs ateliers........ La cause principale de cette crainte est l'idée que tout homme admis à jouir du droit de cité ne pense plus qu'à gouverner; ce qui peut être vrai jusqu'à un certain point dans le moment où une constitution s'établit; mais ce mouvement ne saurait durer. Ainsi, il ne faut pas croire que parce que les femmes pourraient être membres des assemblées nationales, elles abandonneraient sur le champ leurs enfants, leur ménage, leurs aiguilles. Elles n'en seraient que plus propres à élever leurs enfants, à former des hommes. Il est naturel que la femme allaite ses enfants, qu'elle soigne leurs premières années; attachée à sa maison par ces soins, plus faible que l'homme, il est naturel, encore, qu'elle mène une vie plus retirée, plus domestique. Les femmes seraient donc dans la même classe que les hommes obligés par leur état à des soins de quelques heures. Ce peut être un motif de ne pas les préférer dans les élections, mais ce ne peut être le fondement d'une exclusion légale. »(1)

« Le plus souvent, dit Büchner, on s'est élevé dans le monde masculin contre l'extension de l'égalité des droits politiques aux femmes par l'émancipation; et, en réalité, *dans l'état actuel des choses*, une telle expérience serait passablement aventureuse et fort périlleuse pour la liberté et le progrès. Loin de nous la pensée de prétendre que les femmes ne puissent exceller en politique! L'histoire apprendra, au contraire, jusqu'à l'évi-

---

(1) Condorcet : *Sur l'admission des Femmes au Droit de Cité*, dans le n° 4 du *journal de la Société de 1789* (3 juillet 1790). Œuvres complètes, édit. Arago : tom. X, p. 126-127.

donce, qu'il y a eu parmi les femmes d'aussi bons politiques qu'il y en a eu de détestables parmi les hommes.... Que d'hommes seraient mieux à leur place, assis près d'un foyer, la quenouille à la main, que parmi les citoyens dans de graves assemblées délibérantes! Quoi de comparable entre une femme éclairée, familiarisée avec les besoins de son temps, et ce valet dont le regard n'a jamais franchi le cercle étroit de ses humbles occupations quotidiennes? Pourtant, cet homme détient une part du suffrage universel, et par là il participe aux délibérations et à l'histoire de sa nation, tandis qu'à côté de lui, la femme raisonnable, cultivée, est considérée comme incapable d'exercer le même droit! Mais, tout cela n'est vrai que dans les cas particuliers, et, dans la généralité, le sexe féminin est trop peu mûr encore, trop mineur, trop faible sous le rapport religieux, pour que sa complète émancipation politique soit praticable. Il est besoin, au préalable, de réaliser les indispensables conditions d'instruction, de soumettre les deux sexes à une même culture intellectuelle. Tous les politiques expérimentés s'accordent à croire que l'octroi immédiat du droit de suffrage universel à la femme, serait le signal d'un recul politique et religieux, résultat moins désirable encore pour les femmes qui pensent librement, surtout pour celles qui dirigent le mouvement que pour les démocrates masculins. »(¹)

Dans tous les cas, je le répète, la question n'est

---

(1) L'Homme selon la Science, trad. Letourneau, p. 259-260

plus de celles dont on se débarasse par un haussement d'épaules. Actuellement, en Angleterre, les femmes qui paient les contributions jouissent du droit de suffrage dans l'élection des membres du Conseil d'administration de paroisses et des commissions scolaires (*School Boards*); de plus, toute femme est éligible dans ce dernier cas. Nous voilà loin du temps où Proudhon laissait dégoutter de sa plume les grossièretes que l'on sait. « Ménagère ou courtisane » — il ne voit pas pour la femme d'autre alternative! Il oublie ou méconnait honteusement la série des héroïnes glorieuses qui, depuis le temps où l'immortelle Sappho s'affirma comme l'incarnation même du génie lyrique jusqu'à nos jours, ont inscrit leur nom sur le livre d'or de la Pensée humaine.

Et pourquoi d'ailleurs, — pour rester dans un ordre d'idées plus modeste, — pourquoi les filles qui se sentent du goût pour les carrières libérales, pour le professorat, pour la médecine par exemple, s'en verraient-elles interdire l'accès? Il faut qu'au banquet de la vie, toutes les places soient accessibles à tous les êtres dignes de les occuper.

On peut être assuré, d'autre part, que dans l'immense majorité des cas, les femmes continueront de préférer aux hasards d'une existence plus agitée, les douceurs et les devoirs de la vie de famille. Et le véritable but de l'homme politique, du socialiste éclairé doit être précisément d'arracher la mère aux travaux de l'atelier pour la rendre au foyer domestique. Mais pour cela, il faut que ce

foyer existe, digne et convenable, en tout différent
des taudis où tant de misérables trouvent à peine
un abri pour la nuit : il faut que le salaire de
l'homme soit assez considérable pour que sa compagne ne soit pas obligée de demander au travail
du dehors un supplément de profit. Alors, mais
alors seulement, la Femme vivant dans une honnête
aisance et régénérée par l'instruction, — j'entends
par une instruction sérieuse, sans aucun rapport
avec l'amas de niaiseries dont on leur bourre encore
la tête aujourd'hui, — la Femme trouvera dans
les soins si divers et si délicats réclamés par l'enfant, dans son amour pour un mari digne d'elle,
un champ déjà bien vaste pour le développement
et le libre exercice de ses facultés intellectuelles et
affectives.

Mais bien plus ! elle saura que l'horizon doit
s'étendre, pour elle, bien au delà du foyer. On
lui apprendra que la vie de famille ne doit pas
être fermée, confinée dans ce cercle étroit,
dans cet égoïsme mal entendu à trois ou
quatre, ainsi qu'on l'observe trop souvent.
Combien de femmes ne voit-on pas fouler
aux pieds tous les jours les sentiments d'honneur et de bienveillance les plus élémentaires, dans le but d'obtenir pour leur mari ou
leurs enfants une « situation avantageuse » ! Combien n'y en a-t-il pas qui conseillent à leurs fils
toutes les lâchetés politiques, et les poussent
aux « jésuitières », afin de les faire « arriver »
plus vite ! Comme des femelles emportées par

l'instinct de la progéniture, elles vont en aveugles, impitoyables et sans nul souci du reste de l'espèce. Les Positivistes, uniquement préoccupés des services très réels rendus par la vie de famille, nécessaire d'ailleurs, au bonheur humain, n'ont pas été frappés de ces tristes résultats; ils n'ont pas vu que, loin de développer le sentiment de la solidarité, un pareil état de choses favorise, au contraire, l'évolution de l'Individualisme, et dans sa forme la plus détestable, le « Capitalisme ». C'est ici la plaie de la Famille moderne, de la famille bourgeoise, surtout — les pauvres n'ont pas de ces préoccupations; — c'est le chancre qui ronge l'institution elle-même, et qui justifierait, dans une certaine mesure, les attaques dirigées contre elle. Ces vices terribles, destructeurs de la solidarité humaine, il faut les extirper, ou bien la Famille, de plus en plus corrompue et surtout corruptrice, finirait par disparaître, emportée par le courant même qu'elle aurait créé. (1)

Il est donc urgent de rappeler aux femmes, et surtout aux mères, qu'au-dessus et autour de la Famille, il y a la Patrie et l'Humanité, bases nécessaires de son évolution, conditions indispensables du perfectionnement de l'espèce. Il faut leur répéter que l'amour de soi, l'intérêt bien entendu étant le fondement indéniable de la morale humaine, tout homme ayant le

(1) Voy. le remarquable livre du Dr Letourneau, La *Sociologie*. Paris, Reinwald, 3e édit. 1880, p. 381.

désir d'être heureux et le droit de faire effort
pour réaliser ce légitime désir — dans l'état de
société chacun doit calculer l'effet de ses actions
sur le bonheur des autres, sous peine d'être
exposé à souffrir dans le cas où il enfreindrait
ce précepte. Il faut, enfin, leur remettre sous
les yeux les exemples des Aria, des Porcia et de
tant d'autres héroïnes antiques, délaissées aujourd'hui pour les saintes du calendrier ; il faut
leur faire comprendre qu'elles doivent, à l'occasion, se trouver sinon heureuses, au moins fières
et satisfaites, comme Cornélie, mère des Grac-
ques, en parlant de leurs fils morts pour la
République et pour la Patrie.

Déjà nous avons vu comment l'Etat intervient
pour assurer l'éducation de l'enfant. Cette intervention devrait pouvoir encore s'exercer, dans
une certaine mesure, sinon pour régler, au moins
pour influencer le mouvement de la population
sous le double rapport de la quantité et de la
qualité. Sur ce point encore, et plus de deux
mille ans avant Malthus, le philosophe immortel
qu'on ne saurait citer trop souvent, entrevoyait
la vérité. « Abandonner la population à elle-
même, comme dans la plupart des Etats, s'écrie
Aristote, c'est aboutir forcément à la pauvreté
des citoyens, et la pauvreté engendre les crimes. »
Réalité trop manifeste, que l'ignorance dégoûtante de certains déclamateurs a méconnue sous
le prétexte de je ne sais quelle pruderie grotesque aussi indigne de la Science que de la véri-

tablepudeur! L'immoralité consiste, au contraire,
à prêcher la multiplication des enfants à la
façon des brutes. Tout est relatif; et s'il est des
pays comme la France, où il est urgent d'encou-
rager la reproduction de l'espèce humaine, il y
en a d'autres où il pourrait être bon de la restreindre. Quelles que soient les erreurs de
Malthus — qui a dû nécessairement gâter un bon
ouvrage par quelques sottises, étant prêtre — il
n'en a pas moins établi cette vérité incontestable,
à savoir : que la propagation inconsidérée de
l'espèce est une des grandes causes de la misère.(¹) « Sans doute, il a forcé la note, dit M.
Malon; sans doute il a été coupable en célébrant
l'éternité de la misère, et de mauvaise foi, en
criant que les réformes étaient inutiles ou nuisibles; mais il y a un fond de vérité dans sa doctrine. La productivité de chaque espèce, si elle
n'était pas réglée (et cela est vrai pour l'homme
dans l'état actuel) finirait par dépasser ce que la
nature et le travail peuvent fournir pour sa subsistance, la terre étant limitée. »(²)

Quant à la loi constatée par Malthus touchant
le rapport entre l'accroissement de la population
abandonnée à elle-même et celui des moyens de
subsistances, — celle-là augmentant suivant une
progression géométrique, ceux-ci selon une

---

(1) *An Essay on the principle of Population.* Londres,
1798.

(2) B. Malon, *Manuel d'Économie sociale,* 1883. p. 106.

progression arithmétigne, — elle est parfaitement exacte en principe, sinon dans la rigueur
même des termes. Dans tous les cas, elle s'est
vérifiée au moins une fois en Irlande en 1846-47.
La population qui était de 4 millions d'habitants
en 1792, s'élevait en 1815 à 6 millions, en 1847
à prés de 9 millions! Le resultat fut certainement hâté par l'usage funeste et presque exclusif
de la pomme de terre, — ce fade légume si peu
riche en principes nutritifs et vanté, si mal à
propos, par des philanthropes ignares. Comme
c'est un fait aussi, que l'extrême bon marché de
la nourriture augmente l'imprévoyance des gens,
les mauvaises récoltes de 1845-46 accélérèrent
seulement la catastrophe, qui ne pouvait manquer de se produire un jour ou l'autre. Deux
millions d'habitants disparurent, en trois ans,
de la face de l'Irlande! Et de plaisants personnages viennent nous affirmer, du haut d'une
chaire, que la loi de Malthus n'est pas vraie,
parce qu'il y a de la place au cœur de l'Australie
et dans les solitudes du Far-West.[1]

Pour ce qui concerne la France, au contraire,
il n'est pas douteux que son étonnante richesse,
que la facilité merveilleuse avec laquelle, à la
stupéfaction et à l'admiration des étrangers, elle
s'est affranchie de la dette imposée par un vain-
queur impitoyable, ne tiennent, pour une bonne

[1] La loi s'est encore vérifiée d'une façon affroyable, lors
de la famine qui désola le district d'Oriza, dans le Bengale,
en 1866. Voy. mon *Histoire de l'Angleterre contemporaine*,
p. 91 sq.

part, au peu de densité de sa population. C'est
là un fait sur lequel on n'a pas suffisamment
insisté.

D'un autre côté, il est trop certain qu'en présence de l'Europe en armes et sans cesse grandissante, cet état stationnaire est une cause
d'indéniable faiblesse. Chez les Romains, les lois
Julia et *Papia Poppæa* encourageaient le mariage
et les familles nombreuses, et punissaient le
célibat. Ces dispositions furent abrogées par le
premier empereur chrétien. Car elles avaient été
établies, dit un auteur ecclésiastique, « comme
si la multiplication de l'espèce humaine pouvait
être un effet de nos soins; au lieu de voir que
le nombre croît et décroît selon l'ordre de la
Providence. »[1] De fait, « l'ordre de la Providence » représenté ici par le dogme chrétien,
était que l'Empire Romain pérît et que le monde
se dépeuplât le plus vite possible; « on en verrait
plus tôt, dit Augustin, l'achèvement de la cité
de Dieu et la fin du monde. »[2] La Révolution,
revenant aux principes des lois civiles, obscurcis
par les aberrations catholiques, destructives de
toute morale comme de toute société, punit
aussi le célibat;[3] mais bientôt le triomphe de

[1] Sozomène, liv. I, c. 9. Voyez dans Montesquieu le
remarquable chapitre intitulé : *Des lois des Romains sur la
propagation de l'espèce.* (*Esprit des Lois*, liv. XXIII, ch. 19).

[2] *De bono conjug.* cap. X, 40.

[3] Entre autres, la loi du 7 Thermidor, an III, art. 5,
obligeait les célibataires ayant plus de 30 ans à payer un
quart en sus de toute contribution foncière.

la réaction politique et religieuse fit disparaitre toute trace de cette législation.

Il faut la remettre en vigueur, en s'attachant à frapper uniquement les riches — les pauvres étant excusés d'avance et ne pouvant être forcés, en conscience, d'accroître la foule toujours grossissante et toujours souffrante des salariés. Il faut encore, si l'on y tient, appliquer sérieusement la *loi Roussel*, sur la protection des enfants du premier âge. C'est une mesure éminemment socialiste et dont le seul tort est d'apparaître comme un phénomène étrange et d'un caractère absolument exceptionnel au milieu de la législation qui nous régit.

On a eu tort, d'ailleurs, d'exagérer la portée de cette loi, en la présentant comme une sorte de panacée, capable d'arrêter la marche décroissante de la population. Cette mesure, de même que toutes celles que l'on pourra prendre contre le célibat, ne constitueront jamais que des palliatifs dont on ne doit pas négliger l'emploi, assurément, mais sans se faire illusion sur l'importance des résultats. Car, c'est ici que l'on veut répéter avec Horace:

> Quid leges sine moribus
> Vanæ proficient?[1]

Seulement, cela n'est vrai que des mesures incomplètes et isolées. Les lois sont toutes puissantes, au contraire, et servent précisément à

[1] *Odes*, III, 24.

réformer les mœurs, quand celles-ci sont liées
soit à des préjugés religieux, soit à des conditions économiques déterminées; — dans l'espèce
à l'esprit de rapacité et de parcimonie désordonnée et au règne arbitraire et exclusif du « Capitalisme ». Les lois, disons-nous, peuvent mettre
fin à ces abus; mais il faut un système de législation complet et véritablement social.(1)

Ce n'est pas tout; je prétends que l'État a
aussi le devoir de se préoccuper, non plus seulement de la quantité, mais encore de *la qualité*
de la population, et cela dans l'intérêt des individus aussi bien que de la collectivité. « Le fait
de donner l'existence à un être humain, dit Stuart
Mill, est un des actes dans le cours d'une vie
humaine qui entraînent le plus de responsabilité.
Assumer cette responsabilité de donner une vie
qui peut être une source de tourment ou de
bonheur, est un crime envers l'être auquel on la
donne, à moins que cet être n'ait les chances
ordinaires d'une existence désirable. »(2)

Il ne s'agit nullement de mettre obstacle au
mariage des pauvres, des travailleurs, comme
cela se pratique dans plusieurs États; c'est là
une mesure inique, une violation non justifiée
de la liberté individuelle. Ce qu'il faudrait pouvoir empêcher, c'est le mariage et la reproduction
des gens entachés de « misère physiologique »,
des épileptiques, des aliénés, des phthisiques,

---

(1) Voy. plus bas. *La Propriété.*
(2) *La Liberté*, traduction Dupont-White, p. 280.

Il ne s'agit nullement de mettre obstacle au mariage des pauvres, des travailleurs, comme cela se pratique dans plusieurs Etats; c'est là une mesure inique, une violation non justifiée de la liberté individuelle. Ce qu'il faudrait pouvoir empêcher, c'est le mariage et la reproduction des gens entachés de « misère physiologique », des épileptiques, des aliénés, des phthisiques, pour ne citer que les cas les plus désastreux. Quelle existence désirable que celle d'un enfant né de parents tuberculeux, qu'une mort à peu près fatale emportera entre 16 et 30 ans? Quelle perspective pour le mari d'une femme issue de parents phthisiques et qui se verra arracher non seulement sa progéniture mais encore sa compagne bien-aimée, celle qui seule aurait pu adoucir la douceur indicible d'un père privé de ses enfants? Car c'est un fait désormais acquis et incontestable, grâce aux admirables travaux de Darwin sur l'Evolution, que l'Hérédité domine la vie humaine, comme elle domine la biologie toute entière; la loi est implacable comme la Nature même dont elle est l'expression abstraite. *Ineluctabile fatum*! c'est là ce destin inéluctable dont l'antiquité avait si bien su apprécier la réalité au point de vue moral, en nous montrant dans les familles des Atrides et des Laodæcides et dans tant d'autres exemples, le crime et le malheur héréditaires. La maladie l'est également, et, aujourd'hui comme autrefois, retentit aux oreilles des victimes d'une descendance contaminée, la parole fatidique d'Oreste et de Clytemnestre : « C'est le destin, ô mon enfant, qui a commis le crime ; — c'est le destin qui va te donner la mort ! »[1]

Il appartient cependant à l'homme de modifier cette fatalité sinon dans son ensemble, au moins dans ses phénomènes secondaires, et de faire tourner à son profit le jeu si compliqué, mais tous les jours mieux connu, des lois naturelles.

Laissez faire ! Laissez passer ! crient les coryphées de l'Individualisme. Eh ! bien non : ne laissez pas faire la phthisie, ne laissez point passer la mort, puisque dans une certaine mesure vous pouvez lui barrer la route. L'intervention de l'Etat est sans doute difficile ici ; elle n'est pas impossible. « Chaque famille, dit le regretté docteur Bertillon, devrait avoir un registre où seraient inscrits les principaux traits de santé et de maladie des ancêtres. »[2] Seulement, si l'on compte, pour amener ce résultat, sur une heureuse modification des mœurs, on court risque d'attendre longtemps ; sur ce point encore, la législation peut déterminer le progrès.

Vu l'ignorance du public en pareille matière, il serait bon que dès à présent, par tous les moyens en son pouvoir, par des affiches permanentes dans les mairies etc. l'administration fît connaître

---

[1] Eschyle, *Les Choéphores*, v. 930-97.
[2] Voy. l'excellent article « Mariage », dans le *Dictionnaire encyclopédique des Sciences médicales*, Paris, Masson, 1872.

aux gens à marier, d'après les données indiscutables de la Science, les dangers auxquels ils s'exposent en entrant dans une famille *entachée* de maladies graves et transmissibles. On engagerait les jeunes gens à constater sur un registre spécial, rédigé à l'aide de la statistique des décès, les affections auxquelles auraient succombé les ascendants de la personne à marier.

De plus, un article de loi devrait ériger en cas de divorce, non seulement la folie et l'épilepsie, la phthisie et le cancer confirmés, mais encore l'hystérie grave. Je ne connais pas, pour le dire en passant, de conduite plus criminelle que celle d'un père ou d'une mère qui, en pleine connaissance de cause, donnent en mariage, à un garçon sain une fille épileptique. Une autre loi devrait déclarer civilement responsables, les parents coupables d'une pareille infamie.[1] Toute la législation sur cette matière, en y comprenant celle qui concerne le secret médical, est marquée au coin de l'individualisme le plus accentué. Elle est anti-sociale au premier chef.

Les considérations sentimentales que l'on pourrait invoquer contre en cette manière de voir, ne méritent pas de fixer une minute l'attention de l'homme politique éclairé, préoccupé non pas de telle individualité assurément touchante,

[1] Et *vice versa* dans le cas d'une fille saine, et d'un « jeune marié » épileptique. Le garçon étant ordinairement majeur, le recours serait exercé à la fois contre lui et contre ses parents en cas de complicité. Je ne veux, du reste, que donner quelques indications.

mais de l'intérêt général et du bonheur commun. Au surplus, et bien que la chose soit un peu plus difficile et délicate, il est temps d'essayer de faire pour l'espèce humaine, ce que l'on a tenté déjà, et avec plein succès, pour les animaux et pour les plantes.

Il resterait à parler de l'héritage; mais c'est là le point par où la question de la Famille se confond avec celle de la Propriété qui va nous occuper présentement.

La Propriété, le Capital et le Travail.

Il y a quelque deux mille ans que le Maître imcomparable tant de fois cité, réfutant les doctrines spiritualistes et aristocratiques de Platon, établissait sur des bases inébranlables la théorie scientifique de la Propriété. « Posséder, dit Aristote, est une jouissance indicible. Car l'amour de soi, loin d'être chose vaine, est essentiellement conforme à la Nature. Que si nous blâmons justement ce qu'on appelle égoïsme, c'est qu'on entend par ce mot, non pas l'amour, mais la passion désordonnée de soi-même. »[1]

La question est ici admirablement posée et résolue presque complètement. La *Propriété est justifiable*, en effet, *si elle est juste*, — *c'est-à-dire si elle est utile*, — *c'est-à-dire, si fondée sur la nature de l'homme, elle répond à ses besoins et contribue à son bonheur.*

---

[1] *Polit.* II. 2.

Mais ayant reconnu l'utilité, la raison d'être
de l'institution, le philosophe bien loin de se
laisser entrainer dans les divagations habituelles,
s'occupe immédiatement de la reglémenter et de
la restreindre. Sachant que l'inégalité est la
grande source des révolutions,(¹) il veut que la
propriété permise à chaque citoyen soit telle
qu'il puisse vivre dans l'aisance, *quoique sobre-
ment*. Il faut, avant tout, *que chacun des membres
de l'Etat soit assuré de sa subsistance*.

De plus, en vue de l'égalité, si indispensable
pour le maintien de l'Etat, et aussi pour développer cette bienveillance — cette solidarité,
dirait-on aujourd'hui, si nécessaire au bonheur
des associés, il adopte la pratique des repas en
commun, auxquels tous les citoyens devront
prendre part. Comment cela pourra-t-il se réaliser pour les pauvres, qui ont, en outre, la
charge de leurs familles? « *Les terres de l'Etat
seront donc divisées en deux portions : l'une sera
laissée aux particuliers, l'autre, publique, sera
destinée à pourvoir aux frais des repas communs
et aux dépenses d'intérêt collectif.* »(²)

Que nous sommes loin de cet idéal ! Et pourtant, s'il est vrai que la propriété soit nécessaire
au bonheur de l'homme, il suit forcément que
dans un Etat bien ordonné, dans une Démocratie, chaque citoyen doit en avoir une part suffisante. Sans pouvoir entrer ici dans des détails

(1) *Ibid.* v. ¹
(2) *Ibid.*

que ne comporte pas l'étendue de ce travail,
j'essaierai de donner une idée de l'état actuel des
choses — qui n'est rien moins que conforme à
ces données, — en rappelant les faits décisifs
ayant trait aux trois facteurs de la production
des richesses : le Travail, la Terre, le Capital.

Ces faits ont été victorieusement établis par
trois grands penseurs, parmi ceux que l'on confond sous la dénomination générale d'Economistes, et qui n'ont de commun, que le nom, avec
la tourbe d'écrivailleurs funestes enrégimentés
sous cette enseigne. Car je ne connais pas de
science plus fausse que celle qui, sous le titre
d'Economie politique, a la prétention de réduire
à son point de vue mesquin toutes les questions
intéressant l'Humanité ; car je ne connais pas
d'esprits plus étroits, de gens plus intolérants et
intolérables que la clique des économistes orthodoxes qui, dans leurs optimisme désespérant,
passent leur temps à nier l'évidence et s'en vont
répétant, comme Pangloss, en face des misères
sociales ; « Tout cela était indispensable, et les
malheurs particuliers font le bien général ; de
sorte que plus il y a de malheurs particuliers,
plus tout est bien. » C'est au moins la conclusion qui se dégage de leurs écrits.

Voici les vérités incontestables et navrantes
auxquels je faisais allusion tout à l'heure :

1° En ce qui concerne le *Travail* et le *Salaire* :
« En tout genre de travail, dit Turgot, il doit
arriver, et il arrive en effet, que le salaire de

l'ouvrier se borne à ce qui lui est nécessaire pour lui procurer sa subsistance. »([1]) Niaiserie et proposition pédantesque ! s'écrient nos économistes,([2]) incapables de comprendre seulement l'énormité de leur blasphème quand ils s'attaquent ainsi à ce grand homme ; réalité désespérante, dirons-nous, que l'ignorance ou la mauvaise foi peuvent seules contester et que Lassalle a si énergiquement dénoncée comme « la loi d'airain » (*chernes gesetz*).

En vain les orthodoxes, les « hommes de Manchester » se battent les flancs et jonglent avec les chiffres pour aveugler les badauds ; la réfutation de leurs sophismes tient dans quelques lignes. Prenons dans le dernier volume de *l'annuaire statistique de la France*([3]), le prix moyen des salaires de la petite industrie à Paris, en 1880, — soit 5 fr. 15 par jour pour un ouvrier non nourri. En défalquant les 52 dimanches, les jours de fêtes et les congés indispensables, on ne trouve guère que 300 journées, ce qui donne 1.545 francs par an. Sans me préoccuper de l'augmentation absolue ou relative du salaire

---

(1) Turgot. *Réflexions sur la formation et la distribution des Richesses*, 1766. § VI. Il ne s'agit, dans ce paragraphe, que des artisans; mais un peu plus loin il assimile le laboureur, le cultivateur non propriétaire, à l'ouvrier manufacturier.

(2) Cf. P. Leroy-Beaulieu, *Essai sur la répartition des Richesses*, 2e édit. 1883, p. 22. Il est vrai, qu'en revanche, Monsieur le Professeur qui ne voit dans Turgot qu'un niais et un pédant, considère les *Harmonies économiques* de Bastiat comme « l'une des plus grandes œuvres philosophiques du siècle, »!!.

(3) Sixième année, 1883. Professions et salaires. p. 346.

depuis vingt, trente, cinquante ans ou plus, je
demande à toute personne un peu au courant
de la vie parisienne, si un père de famille, avec
sa femme et deux ou trois enfants, peut trouver
dans la somme en question, autre chose que la
subsistance au jour le jour? Et ce chiffre est
assurément le plus élevé, supérieur au salaire
des artisans dans les villes de province et à celui
des travailleurs des champs, toutes proportions
gardées : c'est-à-dire en tenant compte des faci-
lités de la vie à meilleur marché pour ces deux
dernières classes.(¹)

Messieurs les Economistes ont, à ce propos,
un raisonnement adorable. « Lassalle, dit l'un
d'eux, ne parle, il est vrai, que d'une moyenne ;
mais alors il aboutit à une absurdité. Car, si la
moyenne, formée d'un maximum et d'un minimum, ne donne à l'ouvrier que le strict nécessaire, il y aura donc au-dessous de cette moyenne,
des milliers d'ouvriers ne gagnant pas de quoi
vivre, et vivant néanmoins. »(²)

En vérité! et pour qui donc, sont dépensés,
en Angleterre, ces milliers de livres sterling,
en France ces millions de francs constituant le
budget des dépenses de l'assistance publique,

---

(1) La moyenne est de 3 fr. 25 dans les chefs-lieux de département, soit, pour 300 journées 975 fr. par an. Quant
aux ouvriers agricoles, leur salaire moyen, d'après Von
der Goltz (Rapport au congrès des agriculteurs allemands,
en 1875), de Foville etc. ne dépasse guère 850 fr.

(2) E. Lavollée, *les Classes ouvrières en Europe.* Paris,
2ᵉ édit. 1884. Tom I. p. 261.

sinon pour ces milliers d'ouvriers qui très réellement « ne gagnent pas de quoi vivre » et qui vivent néanmoins » — et de quelle vie ! — aux dépens des subventions publiques? L'argumentation des Libéraux est généralement de cette force.

1° On objecte encore, qu'après tout, les petits employés à 12 et 1500 francs, qui ne se plaignent pas, sont tout aussi misérables et non moins intéressants. Mais d'abord, c'est une triste consolation; de plus, elle n'a aucun rapport avec la réalité des choses. L'employé qui débute avec 1200 fr. a presque toujours l'espoir d'arriver à en gagner deux et même trois mille; s'il travaille pour l'État, il est assuré d'une retraite. De plus, il n'y a pas pour lui de chômage; son traitement est fixe et même en cas de maladie, presque toujours, il continue de toucher ses appointements. Rien de plus juste, à tous égards; mais il n'en va pas ainsi pour l'ouvrier.

2° En ce qui regarde la *terre* : « La rente, écrit Ricardo, est cette portion du produit de la terre que l'on paie au propriétaire pour avoir le droit d'exploiter les facultés productrices et impérissables du sol...... Lorsque les hommes font un premier établissement dans une contrée riche et fertile, dont il suffit de cultiver une très faible étendue pour nourrir la population, ou dont la culture n'exige pas plus de capital que n'en possèdent les colons, il n'y a point de rente; car qui songerait à acheter le droit de cultiver un terrain, alors que tant de terres, restées sans

14

maître, sont à la disposition de quiconque voudrait les cultiver...... Dès que, par suite des
progrès de la société, on se livre à la culture
des terrains de fertilité secondaire, la rente
commence pour les premiers et le taux de cette
rente dépend de la différence dans la qualité
respective des deux espèces de terre. »(1) Et
développant sa théorie, l'illustre prédécesseur
de Karl Marx n'a pas de peine à démontrer que
cette plus-value qui constitue la « rente » va
sans cesse croissant avec les progrès de la civilisation, sans que le propriétaire contribue en
quoi que ce soit à cet accroissement.

C'est là, désormais, un fait acquis, aussi écla-
tant que la lumière du jour, nié cependant par
les « Laissez-faire », qui allèguent en forme
d'objection, comme pour la doctrine de Malthus,
les parties encore disponibles du globe habitable!
Eh! bien, c'est précisément un Californien, —
voisin, par conséquent de ces solitudes disponibles sur les confins desquelles il voit chaque jour
s'élever de nouvelles villes, — qui vient confir-
mer de la façon la plus complète, la théorie de
Ricardo.

Dans son livre intitulé *Progress and Poverty*,
qui a fait tant de bruit de l'autre côté de la Man-
che, M. Henry George, suppose qu'allant vous
établir quelque part dans le Far West, vous com-
menciez par interroger un individu étranger aux

(1) Ricardo, *Principles of Political Economy*, Ch. II.
Londres, 1817.

théories; mais sachant comment s'y prendre
pour faire fortune. Vous lui dites:

— « Voici un petit village; dans dix ans, ce
sera une grande ville; dans dix ans les chemins
de fer auront pris la place des diligences, et la
lumière électrique celle des bougies et des lam-
pions; dans cette ville, on trouvera en abondance
tous les engins et tous les perfectionnements qui
accroissent dans des proportions si incroyables la
puissance effective du travail. Le taux de l'intérêt sera-t-il plus élevé?

— « Il vous répondra: non!

— « Les salaires du travail ordinaire seront-
ils plus élevés? sera-t-il plus facile à un homme
qui n'a rien de gagner sa vie d'une façon indépendante?

— « Il vous répondra: non! Les salaires, pour
la moyenne des travailleurs, n'auront pas monté;
il y a tout à parier, au contraire, qu'ils auront
baissé.

— « Quelle est donc la valeur qui aura haussé?

— « La Rente, la valeur de la terre. Allez,
achetez-vous un lot de terrain et devenez
propriétaire.

— « Et si vous suivez son conseil, vous n'avez
pas besoin de vous déranger davantage. Restez
chez vous en fumant votre pipe, étendez-vous
au soleil comme les lazzaroni de Naples ou les
léperos de Mexico; enlevez-vous en ballon
ou fourrez-vous dans un trou; et sans avoir fait
œuvre de vos dix doigts, sans avoir été pour

un iota dans l'accroissement de la richesse de la communauté, en dix ans vous serez riche ! Vous aurez dans la nouvelle cité un hôtel splendide ; mais au nombre de ses édifices publics, il y aura un hôpital. »[1]

Il est inutile d'insister. Tout le monde est d'accord pour ce qui concerne la propriété foncière urbaine, et quand aux campagnes, le fait pour être moins choquant n'en est pas moins réel. En France et en Belgique, le fermage des terres a presque doublé depuis cinquante ans, et sans que les propriétaires se soient donné d'autre peine que celle d'encaisser la rente.[2]

3° Enfin, pour ce qui a trait au *Capital*, je crois ne pouvoir mieux faire que de transcrire textuellement les propositions définitives formulées par l'homme éminent qui a fait la lumière sur cette question.

« L'accroissement de valeur par lequel l'argent doit se transformer en capital, dit Karl Marx,

---

(1) Henri George, *Progress and Poverty*, 5e édit. London. Kegan Paul, 1883. p. 564. La première édition a paru en 1881.

(2) Voy. E. de Laveleye, *L'Agriculture Belge en* 1878. M. P. Leroy-Beaulieu (*loc. cit. p.* 115) cite les chiffres de M. de Foville, établissant que les salaires agricoles se sont élevés depuis 1780 jusqu'à 1872, de 180 à 800 francs, et après avoir accusé l'école économique anglaise de travestir les faits, il écrit cette phrase étonnante : « Bien loin que le propriétaire rural voie sa situation relative dans la société s'améliorer chaque jour, il reste généralement en arrière, pour le progrès de son bien être et de sa fortune, du fermier et de l'ouvrier des villes. » Et il reconnaît que le paysan gagne en moyenne 800 fr. par an ! C'est toujours la même façon de se moquer du monde.

ne peut pas provenir de cet argent lui-même.
En servant de moyen d'action ou de moyen de
paiement, il ne fait que réaliser le prix des marchandises qu'il paie...... Pour pouvoir tirer
une valeur d'échange (ou vénale) de la valeur
nouvelle d'une marchandise, il faudrait que
l'homme aux écus (*geldbesitzer*) eût l'heureuse
chance de découvrir, sur le marché même, une
marchandise dont la valeur d'usage possédât la
vertu particulière d'être source de valeur vénale,
de telle sorte qu'en la consommant on réaliserait
du travail, ce qui revient à dire qu'on créerait
de la valeur. Et notre homme trouve effective-
ment une marchandise douée de cette vertu spé-
cifique : elle s'appelle puissance de travail ou
force de travail (*Arbeitskraft*). Par quoi nous
entendons l'ensemble des facultés physiques et
intellectuelles qui existent dans tout individu et
qu'il doit mettre en mouvement pour produire
des choses utiles. »(¹)

« La force de travail se réalise par sa manifestation extérieure. Elle s'affirme et se constate
par le travail, lequel, de son côté, nécessite une
certaine dépense des muscles, des nerfs, du
cerveau de l'homme, dépense qui doit être com-
pensée...... (en somme), « la force de travail
équivaut à une quantité déterminée de moyens
de subsistance, » et « la valeur de ces moyens

(¹) Karl Marx, Le Capital, édition française, 1872, p. 71.
« La valeur de la force de travail est déterminée par la
valeur des substances nécessaires à l'entretien de l'ouvrier. »
(Ibid. p. 225).

de subsistance, nécessaire pour le jour moyen, ne représente que la somme de travail dépensée dans leur production, mettons six heures. Il faut alors une demi-journée de travail pour produire chaque jour la force de travail. Ce quantum de travail qu'elle exige chaque jour pour sa production détermine sa valeur quotidienne. » (p. 79.)

Mais non seulement « l'ouvrier communique une valeur nouvelle à l'objet du travail par l'addition d'une nouvelle dose de travail, quel qu'en soit le caractère utile ; nous retrouvons, de plus, (dans le produit final) la valeur des moyens de production consommés comme éléments, par exemple (dans l'industrie du coton) la valeur du coton et des broches dans celle des filés..... Le travailleur conserve la valeur des moyens de production employés ; il la transmet au produit comme partie constituante de sa valeur, non parce qu'il ajoute du travail en général, mais par le caractère utile de ce travail additionnel.

« En tant qu'il est utile, qu'il est activité productive, le travail par son seul contact avec les moyens de production les *ressuscite d'entre les morts* et s'unit à eux pour constituer des produits » (p. 86).

Peu importe le genre de travail, filage, tissage, menuiserie etc. : ..... L'ouvrier ajoute de la valeur à des matières par son travail considéré non comme travail de filateur, de menuisier etc. mais comme travail humain en général — et il ajoute une *quantité déterminée* de valeur, non

...passe que son travail a un caractère utile particulier, mais parce qu'il dure un certain temps.

« C'est donc en vertu de sa *propriété générale*, abstraite, comme dépense de force humaine, que le travail du fileur ajoute une *valeur nouvelle* aux valeurs du coton et des broches — et c'est en vertu de sa propriété concrète, particulière, de sa propriété utile, comme filage, qu'il transmet la valeur de ces moyens de production au produit et la conserve ainsi dans celui-ci. De là le double caractère du résultat, dans le même espace de temps. » (P. 86)

La force de travail en activité, le travail vivant, a donc la propriété de *conserver de la valeur en ajoutant de la valeur.* C'est là un don naturel qui ne coûte rien au travailleur, mais qui rapporte beaucoup au capitaliste. Il lui doit la conservation de la valeur actuelle de son capital. » (P. 88)

« Mais nous avons déjà vu cependant que la durée du travail dépasse le point où un simple équivalent de la valeur de la force de travail serait reproduit et ajouté à l'objet travaillé. Au lieu de six heures qui suffisent pour cela, l'opération doit en durer douze au plus. La force de travail en action ne reproduit donc pas seulement sa valeur, elle produit encore de la valeur en plus. Cette plus-value forme l'excédent de la valeur du produit sur celle de ses facteurs consommés, c'est-à-dire des moyens de production et de la force de travail. »

« Dans le cours de la production, la partie du capital qui se transforme en moyens de production, c'est-à-dire en matières premières, matières auxiliaires et instruments de travail ne modifie donc pas la grandeur de la valeur. C'est pourquoi nous les nommons partie constante du capital, ou plus brièvement : *capital constant*.

« La partie du capital transformée en force de travail change au contraire de valeur dans le cours de la production. Elle reproduit son propre équivalent, et, de plus un excédant, une plus-value qui peut elle-même varier et être plus ou moins grande. Cette partie du capital se transforme sans cesse de grandeur constante en grandeur variable. C'est pourquoi nous la nommons « partie variable du capital » ou plus brièvement, *capital variable*. (p. 89).

Cela posé, « la journée de travail de douze heures se réalise, par exemple, dans une valeur monétaire de six francs. Si l'échange se fait entre équivalents, l'ouvrier obtiendra donc six francs pour un travail de douze heures, ou le prix de son travail sera égal au prix de son produit. Dans ce cas, il ne se produirait pas un brin de plus-value pour l'acheteur de son travail, les six francs ne se métamorphoseraient pas en capital et la base de la propriété capitaliste disparaîtrait..... Dans notre exemple, (et de fait) il faut six heures par jour pour produire une valeur de trois francs, c'est-à-dire la valeur journalière de la force de travail (nécessaire à la subsistance de l'ouvrier) ; mais comme celle-ci fonctionne pendant douze heures, elle rapporte quotidiennement une valeur de six francs. On arrive ainsi à ce résultat absurde, à savoir qu'un travail qui crée une valeur de six francs n'en vaut que trois (puisque l'ouvrier ne touche que trois francs, minimum indispensable pour subsistance). Mais cela n'est pas visible à l'horizon de la société capitaliste. Tout au contraire : — la valeur de trois francs produite en six heures de travail, se présente comme la valeur du travail de douze heures, de la journée tout entière. En recevant par jour un salaire de trois francs, l'ouvrier paraît donc avoir reçu toute la valeur de son travail ; et c'est pourquoi l'excédant de la valeur de son produit sur celle de son salaire prend la forme d'une plus-value de trois francs, créée par le capital et non par le travail » (p. 231-239).

Le lecteur a ici la quintessence du livre justement fameux de Karl Marx. En résumé, grâce à la séparation existant dans la société entre ceux qui possèdent et ceux qui n'ont rien, le capitaliste achète le travail sur le marché, paie sa valeur d'échange, c'est-à-dire le prix nécessaire à l'entretien strict de l'individu, et s'approprie par dessus le marché sa valeur d'usage — c'est-à-dire la force de travail tout entière. De la différence entre le temps de travail nécessaire pour subvenir aux besoins de l'ouvrier et le travail réel, naît la plus-value — qui est ainsi une création du travail non payé. Cette plus-value, qui devrait appartenir au travailleur, passe dans la bourse du capitaliste.

Si l'on admet, non seulement avec Marx, mais avec Ricardo, Rodbertus et autres, que le travail est la véritable source de la valeur[1] — ce qui ne paraît pas contestable, — on ne pourra se soustraire à la logique inflexible de ces propositions, — en parfait accord, du reste, avec les faits exposés plus haut, — et l'on reconnaîtra que le *sic vos non vobis* ne s'est jamais vérifié d'une façon plus éclatante que dans l'ordre de production capitaliste. Le capital est bien du travail accumulé, — mais accumulé, presque toujours, dans la poche de ceux qui ne travaillent pas.

Libre aux Economistes d'affirmer qu'il s'agit là d'une « doctrine subversive reposant sur l'erreur la plus monstrueuse », le tout pouvant seulement faire illusion à des « esprits superficiels ». Les injures et les déclamations ne sauraient tenir lieu d'argument et il est vraiment misérable de voir ces Messieurs alléguer pour toute réfutation, qu'on ne tient pas compte de l'instruction acquise par les patrons et des services rendus par la Science.[2]

---

(1) La théorie de la valeur ébauchée par Adam Smith (*Richesse des nations*. Liv. 1. ch. 4 et 5, 1776) confirmée par Ricardo (*Principes d'Economie politique*, ch. 1. 1817) et définitivement établie par Karl Marx (*Le Capital*, 1867) avait été pressentie par Aristote (Polit. I. 2]. « Ce qui montre le génie de ce philosophe, dit Marx, c'est qu'il a découvert, dans l'expression de la valeur des marchandises, un rapport d'égalité. »

(1) Voy. R. Lavollée, *loc. cit.* Tom. 1. p. 302.

Mais, pourquoi donc les services rendus par la Science seraient-ils portés à l'actif du capitaliste plutôt qu'à celui du travailleur? Est-ce qu'il ne s'agit pas ici du patrimoine de l'Humanité tout entière? Et ne voyez-vous pas que, confinés dans le cercle de votre spécialité étroite, vous méconnaissez cette vérité primordiale, si admirablement résumée par M. Pierre Laffite, dans cette formule que la Philosophie matérialiste a le droit de s'approprier :

La Richesse est sociale dans sa source, et doit l'être dans sa destination.

Un instant de réflexion suffit pour faire éclater à tous les yeux la réalité de cet aphorisme. Car enfin, est-il un seul individu au monde, qui vive uniquement sur son propre fonds, sans emprunter le secours des morts ou celui des contemporains? Est-ce que le capitaliste a inventé les machines dont il utilise les services, en même temps qu'il exploite ceux du travailleur? Est-ce que Newton eût été possible sans Képler, Danton sans Diderot, et Darwin sans Lamarck? « Celui qui a inventé la charrue, dit éloquemment M. Fouillée, laboure encore, invisible, à côté du laboureur. »[1] En toute production, matérielle ou intellectuelle, la part de l'individu est bien restreinte; d'une façon générale, nous vivons par les contemporains et surtout par les ancêtres.

Il est donc impossible d'admettre la justice et le maintien du système de la production capita-

---

[1] *La Propriété sociale*, 1884, p. 21.

liste, grâce auquel on voit s'accumuler, au profit de quelques uns, les richesses amassées par la collectivité ; de telle sorte que par la force des choses et grâce à l'anarchie de la libre concurrence, le contraste devient tous les jours plus choquant entre le château du millionnaire et le taudis des « meurt-de-faim. » Le phénomène a pris un développement inouï depuis le commencement de ce siècle non pas tant, comme on l'a dit, parce que le Travail et la Propriété, affranchis tous les deux, ont pu développer à l'aise leurs caractères propres ; — mais parce que la Révolution étant arrêtée dans sa marche, la Monarchie n'a cessé de restreindre la liberté du travail, tout en laissant libre carrière à la Propriété affranchie de toute entrave. Ainsi s'est développé avec une rapidité foudroyante, comme pendant et comme conséquence de l'*Individualisme politique ou Libéralisme,* — qui n'a rien de commun avec la Révolution, — l'*Individualisme économique ou Capitalisme.*

C'est le régime sous lequel nous vivons et dont les vices effroyables vont se caractérisant tous les jours de la façon la plus choquante. La concentration des richesses dans un nombre de mains de plus en plus restreint, la tendance à la disparition de la classe moyenne, l'extension de la misère et du Prolétariat, la corruption, l'emploi des armes les plus déloyales dans la finance, le commerce et l'industrie, la recherche désordonnée d'un luxe idiot, — tels sont les fruits

détestables du système d'anarchie et de libre
concurrence actuellement régnant, et rendu pire
encore, au point de vue intellectuel et moral,
par l'influence délétère et incontestable de l'E-
glise. Que l'on ne vienne plus crier à l'abomination et à la subversion de l'ordre social ! Les
pires ennemis de la Société sont les optimistes
béats qui ne voient pas qu'elle court à sa perte,
et les coquins enrichis qui se disent tout simplement : après nous le déluge!

Les hommes éclairés de tous les pays, les
penseurs les plus éminents commencent à voir
les choses sous leur véritable jour et n'hésitent
pas à formuler, avec une entière sincérité, leur
opinion sur la matière. « L'accroissement considérable de la richesse du pays, dit le professeur
Cairnes, n'a augmenté ni les profits, ni le salaire,
ni la fortune des gens, en général. Cela n'a servi
qu'à agrandir un fonds toujours grossissant, même pendant que son propriétaire dort, — le
registre des rentes des possesseurs du sol.
Les profits ne se sont pas élevés, et la rémuné-
ration du travailleur, dans le champ tout entier
du travail, ne s'est accrue que d'une façon insignifiante, sans rapport appréciable, dans tous
les cas, avec le progrès général de l'industrie. »[1]

« Le vice essentiel du Capitalisme, ajoute le
docteur A. Schæffle, ancien ministre de l'Empire
d'Autriche — consiste en ce que la lutte économique a lieu surtout pour l'appropriation indivi-

[1] Some leading principles of political Economy. 1874, p. 333.

duelle de la plus grosse part possible de la production, non en vue de la plus haute récompense à obtenir en raison des services rendus ; et dans cette lutte, où tous les moyens d'action et les privilèges héréditaires sont d'un seul côté, la ruine impitoyable d'une partie des citoyens est consommée par la ruse, la violence et la corruption....... Signalons encore le manque de prévoyance en ce qui concerne les besoins sociaux. Les « entrepreneurs » ne se préoccupent plus le moins du monde des nécessités du marché. La plupart d'entre eux ne voient là que matière à agiotage : pour d'autres, c'est un monopole : pour plusieurs, en raison de leur ignorance, une source de pertes. Et ils ne sont pas seuls à en supporter les conséquences, qui se font sentir partout. ....

« Un autre défaut consiste en ce que la réglementation des besoins publics se trouve subordonnée aux intérêts de la spéculation. A peine la féodalité financière a-t-elle surgi de la production capitaliste, qu'elle devient le premier pouvoir de l'Etat, directement (dans certains pays) par les privilèges électoraux et les ministères, indirectement en mettant la main sur la Presse, en corrompant les représentants du Peuple, les fonctionnaires et les journalistes. Empires et Royaumes doivent s'humilier devant la puissance de l'or ; car c'est elle qui détermine et réglemente les besoins publics. Les branches du service qui semblent superflues à l'aristocratie

financière ne reçoivent que des subventions in-
suffisantes : celles-là seulement qui lui sont utiles
et qui lui plaisent, sont convenablement dotées.
Avec le développement du Capitalisme, apparaît
la domination universelle de l'argent et de la
spéculation sur la vie sociale commune, aux nécessités de laquelle au contraire, l'organe de la
nutrition devrait être subordonné. Le Gouvernement, le Parlement, l'Ecole, la Presse, etc. sont
réduits, matériellement, à un état de dépendance.
Beaucoup de services, tendant de leur nature au
monopole, tels que les chemins de fer, sont
soustraits à l'exploitation publique et laissés en
pâture à la spéculation... Ce ne sont pas les
éléments de production et d'échange les plus
indispensables aux besoins de la vie que l'on
favorise dans leur développement, mais bien
ceux qui produisent le plus de rentes et qui servent le mieux les intérêts des coteries capitalistes
les plus puissantes. Des richesses considérables
sont ainsi englouties par l'avidité de la consommation improductive. La Plontocratie favorise la
formation des dettes publiques qui lui procurent
des bénéfices par les émissions et par les impôts.
Le Capital réalise des gains à chaque émission
d'un nouvel emprunt et fait tomber dans ses
poches, sous forme d'intérêt des dettes publiques,
une portion toujours croissante, — en Europe
le quart et même le tiers ! — des revenus destinés à subvenir aux besoins des nations. »(1)

(1) Dr Albert G. F. Schæffle : Bau und Leben des sociales Körpers, 4 vol. in-8°. Tübingen, 1875-1878. Tom III.

J'ai tenu à reproduire textuellement ces affirmations si nettes, si indiscutables de l'ancien
ministre du commerce de l'Empire d'Autriche ;
outre leur mérite intrinsèque, elles ont encore
l'avantage de prouver que ces terribles requisi-
toires contre l'ordre actuel et mauvais des choses,
n'émanent pas, comme on se plaît à le répéter,
de la cohue des « va-nu-pieds » et des « déclassés ».
Bien plus, un philosophe comme Stuart Mill, un
savant de premier ordre comme Alfred Wallace,
ne craignent pas de joindre le chœur des sup-
pliants, dont les voix montent chaque jour plus
pressantes avec le flot de la misère humaine.
Bien plus encore ! est-ce que les récentes lois
agraires de l'Irlande, est-ce que les efforts pour
la réalisation de l'assurance ouvrière obligatoire
en Allemagne, ne montrent pas que la « Question
Sociale », selon l'expression consacrée, commence
à s'imposer d'l'opinion publique ? A ce même
ordre d'idées se rattachaient les grands projets de Gambetta relatifs au rachat des chemins

p. 428-540, passim. L'auteur de ce remarquable ouvrage
vient de publier une brochure qui n'ajoute rien à sa gloire,
ni le reconnaît, mais qui, dans le fond, ne contredit nullement ses précédentes opinions (*Die Aussichtslosigkeit der
Socialdemokratie*, Tübingen, Mars 1885). En combattant la
« Social-Démocratie » allemande, il confond cette idée. l'individualisme et le Socialisme. C'est une simple ignoratio
elenchi, un sophisme qui, procédât-il ou non, ne saurait
infirmer ses démonstrations antérieures. Il admet même de
l'attendre ailleurs que « la production collective pourrait
est possible et en partie réelle. » Lorsque le docteur Schaeffle montre qu'il voit passionnément, il confond tout simplement la Démocratie avec l'Anarchie et le Libéralisme.

de fer, à l'expropiation des grandes compagnies et à la réalisation de travaux gigantesques entrepris par l'État pour le plus grand profit de la collectivité; projets qui ne pouvaient manquer de soulever contre lui la haine irréconciliable et les colères toujours efficaces de la meute des gens de finance.

Il n'est donc pas possible de fermer plus longtemps les yeux à l'évidence. Pour préciser davantage, je dirai qu'il y a chez nous 20 millions de personnes, au moins, réduites au régime du salariat.[*] J'ajouterai que la misérable situation de ces vingt millions d'êtres est bien propre à nous faire rentrer en nous même et à justifier l'enthousiasme des penseurs pour cette démocratie athénienne, honneur éternel de l'esprit humain. Rien n'est parfait; mais si les anciens avaient l'esclavage, il faut bien reconnaître que le Prolétariat fait dans notre société moderne une tache tout aussi sombre et tout aussi énorme. En vain objecte-t-on que le plus infime des pro-

[*] Sur les 40 millions d'individus, en chiffres ronds, constituant la population active, la statistique officielle du dénombrement de 1931 n'indique que 5 millions et demi de salariés. Mais, pour ce qui concerne l'agriculture, elle donne 3.500.000 chefs d'emploi et seulement 2 millions d'ouvriers. Il est vrai que l'on compte, comme chefs d'emploi, un nombre considérable de paysans ne possédant, en réalité, que des parcelles insignifiantes et qui doivent être rangés parmi les ouvriers agricoles. On reste au-dessous de la vérité en comptant 8 millions de salariés, pour la population active, comme celle-ci ne formant que les 2/5 de la population totale, on a donc bien au total de 20 millions de personnes vivant du salaire.

16

létaires a l'espoir de sortir du rang des humiliés
et de prendre place dans la classe bourgeoise.
Mais combien sont-ils? On en cite deux ou trois,
parmi ces millions d'hommes et toujours les
mêmes! Et encore ceux-là ne sont-ils, dans
l'immense majorité des cas, ni les plus honnêtes,
ni les plus intelligents; c'est bien plutôt le contraire, et dans le régime capitaliste il ne peut
guère en être autrement.

Et même, à ce point de vue, est-ce que dans
l'Antiquité il n'y avait pas les affranchis? J'irai
plus loin et j'oserai dire que grâce au contact
plus prolongé, plus amical avec les maîtres(1) les
esclaves les plus intelligents avaient plus d'occa-
sions de se voir affranchis, de devenir riches et
considérés, que nos modernes prolétaires. Encore
une fois, qu'on n'accuse pas la Révolution, qui, la
première, a aboli l'esclavage, mais n'a pu en
quatre ou cinq ans fonder les bases d'un nouvel
ordre économique.

Il y a donc une question sociale! Il y a donc
une infinité de misérables, voués de génération
en génération au travail sans espoir, à la pauvreté, à la dégradation intellectuelle et physique.
Ce déplorable état de choses est la résultante du
régime d'Individualisme et de Capitalisme sous
lequel nous vivons; or, ceux qui ont bien voulu
nous suivre jusqu'ici, ne pourront pas se dérober
à la conséquence de nos prémisses; ils devront

(1) « Servi sunt? imo homines. Servi sunt? imo contu-
bernales. Servi sunt? imo humiles amici. » *Senec. Lettres
à Lucilius*, 47.

reconnaître que le bonheur commun étant la fin de la société, l'Etat tout-puissant a le droit d'intervenir pour réaliser ce but, dans la mesure du possible.

C'est ici qu'apparaît la conformité des doctrines précédemment exposées avec le *Socialisme*, que l'on prenne ce mot dans le sens général ou particulier. Dans le sens général il comprend les théories qui subordonnent l'intérêt exclusif de l'individu à celui de la Collectivité, le droit individuel au *Droit Social*; il s'identifie avec la Politique Scientifique, avec l'autorité de l'Etat dans la République démocratique et sociale.

Pris dans son sens spécial, le Socialisme — j'entends le Socialisme réel, scientifique — exprime la tendance à *l'amélioration du sort du plus grand nombre, par la réforme nécessaire des conditions économiques, au double point de vue de la production et de la répartition des Richesses, en vertu de l'intervention indispensable de l'Etat.*

Qu'une pareille amélioration soit possible, et cela par l'intermédiaire de la collectivité devenue consciente d'elle même, je l'ai démontré plus haut en réfutant les théories fantaisistes et anti-humanitaires de M. Herbert Spencer.[1] « Au lieu

[1] P. 106, sq. Dans une série d'articles traduits récemment en français sous le titre de « L'individu contre l'État » M. H. Spencer semble avoir pris à tâche de justifier, et au delà, les critiques dirigées contre lui. Dans ce mauvais livre, qui est en même temps une mauvaise action, il en vient à déclarer que le Socialisme est « l'esclavage de l'avenir », et qu'après tout, dans l'immense majorité des cas, les gens qui meurent de faim dans la Société actuelle, n'ont que le sort qu'ils méritent !!

d'user improductivement leur activité à se sub-
juguer, à s'exterminer les uns les autres, ou à
entretenir dans un luxe scandaleux une poignée
d'exploiteurs oisifs et parasites — dit l'auteur
d'un remarquable travail, — les hommes doivent
commencer à la consacrer toute entière aux œuvres utiles, à *l'intérêt général*. »(1)

Maintenant, nous nous trouvons, pour ce qui
concerne les conditions économiques, en face de
ces deux propositions (2) :

1° La Propriété individuelle fondée sur la nature de l'homme, répond à ses besoins et contribue à son bonheur ;

2° La richesse est sociale dans sa source et
doit l'être dans sa destination.

Ces deux formules, remarquons-le bien, ne se
contredisent nullement. D'abord, parce que la
propriété est d'ordre naturel, qu'elle correspond
à un besoin, cela ne veut pas dire qu'elle ne soit
imposée d'une façon absolue, dans tous les temps,
et surtout dans « l'Etat de nature » Elle s'est
développée historiquement, au contraire, et nous
avons vu qu'elle tirait précisément son origine et
sa consécration de la société politique, qui a
toujours le droit de la réglementer. Ce droit

(1) Emile Gautier : *Le Darwinisme social*. Paris, Dur-
ville 1880, p. 57.

(2) P. 96. Tout cela, en P. R. Suivant Germain
Garnier, n'est qu'un sophisme spécieux où l'on suppose que
le droit de propriété est antérieur à la société, tandis qu'il
n'existe que par les conventions sociales, qu'il est par conséquent postérieur à l'ordre politique, qui seul peut le
consacrer et le garantir. » (*Cours complet d'économie politique pratique*. 4e partie, ch. 5.)

de réglementation trouve un nouvel appui dans le caractère éminemment social de la Richesse, au point de vue de sa formation : ce qui permet encore mieux d'attribuer à chaque individu la part de propriété nécessaire pour subvenir convenablement à ses besoins et à ceux de sa famille,

Ces données une fois établies, après avoir étudié, et, comme on dit, retourné la question dans tous les sens, après avoir médité les œuvres maîtresses de Turgot, de Ricardo, de Marx, de Schælle et constaté l'impuissance absolue de leurs adversaires, — je ne puis pas faire autrement que de le proclamer :

Oui ! à un moment donné, le déplorable régime actuel d'individualisme, de concurrence anarchique et de Capitalisme devra faire place au système du Capital collectif, c'est-à-dire à un mode de formation des richesses fondé sur la possession collective des moyens de production par tous les membres de la société. L'État, considéré comme organe de la Collectivité, effectuera la répartition des produits en raison du mérite et du travail de chacun : ce qui laissera le champ libre, d'une façon suffisante, à l'initiative individuelle et à l'émulation.

Dans ce système, beaucoup plus certainement que dans l'ordre économique actuel, chaque famille aura à sa disposition, — à tout le moins dans les villes un domicile convenable à la campagne une maison avec un coin de terre. Elle sera propriétaire des objets de consommation et

pourra accumuler, pour les transmettre, tous
ceux qui sont susceptibles de conservation tels
que mobilier, vêtements, livres, objets d'art etc.
etc. Les Sciences, les Arts et les Lettres n'auront
nullement à souffrir d'un pareil état de choses.
Au contraire, l'État encouragera par ses rému-
nérations les individus — toujours ce petit nombre d'ailleurs, — les mieux doués à cet égard,
et il y aura infiniment moins de chances de
succès que dans l'ordre de choses actuel pour
les élus de l'intrigue et de la médiocrité. En un
mot, tous ceux qui proclament, avec tant de
raison la nécessité de la propriété individuelle
devront être satisfaits, puisqu'au lieu d'être
limitée à un petit nombre de privilégiés, elle
sera, en quelque sorte, universalisée.[1]

Une pareille solution ne sera d'ailleurs possible
que dans un avenir plus ou moins éloigné, alors
qu'un *accord international indispensable* sera
intervenu entre les peuples civilisés. En attendant,
il dépend de chaque pays, pris à part, de se
rapprocher du but en *nationalisant* le sol.

Sans doute, la Terre est pour nous le représentant direct de la Nature incréée; c'est la mère
féconde d'où nous tirons, par le secours du Soleil,
notre force avec notre subsistance; mais c'est une
mère éternellement fécondée par le travail et les

[1] Le fait que la propriété peut se constituer et se conserver, pour les nécessités de la vie de famille, en dehors
de l'organisation capitaliste, ressort, dit très bien Schœffle,
de l'exemple des fonctionnaires qui vivent de leurs seuls
appointements. » *Bau und Leben*, tom I, p. 218.

sueurs de ses enfants. Que serait-elle, en effet, sans l'Homme sorti de son sein, il est vrai, mais qui l'a façonnée pour ses besoins à travers d'innombrables générations? De lui seul on peut dire avec certitude que le monde est plein de sa magnificence!(1) Voilà ses titres réels à la possession du sol, titres indiscutables, visibles à tous les yeux partout où il y a des moissons, des vergers, des routes, et qui n'ont rien de commun avec les droits problématiques fondés par Rousseau et consorts sur les théories fantaisistes de « l'état de nature ». Le sol appartient à la nation qui l'a occupé et fait fructifier pendant des siècles et non pas — qu'on l'entende bien! — à tel ou tel individu, qui ne peut jamais figurer que pour une part infime dans le travail des générations successives. L'État le reçoit des prédécesseurs pour le transmettre aux successeurs, et ainsi se trouve confirmée la théorie matérialiste qui fait reposer sur lui seul la sanction de la Propriété, — lui seul étant ainsi d'après les faits, d'après la justice, le légitime propriétaire. Il n'y a pas de vérité moins discutable que celle-là.

Ne pouvant entrer dans le détail, je me contente de renvoyer au remarquable livre du savant naturaliste Alfred Wallace sur la *nationalisation de la Terre* et à l'ouvrage très intéressant aussi de A. Samter sur la *Propriété individuelle et*

(1) Cf. Shelley, *Prometheus un bound* (act. IV) et l'hymne admirable à la louange de l'homme :
All things confess his strength, etc.

sociale.([1]) Sans voir comme ces deux auteurs, dans la nationalisation du sol une véritable panacée et la solution définitive de la question sociale, j'y trouve cependant la source d'une amélioration considérable, dont aucun socialiste ne saurait méconnaitre la portée. Sans doute il ne faut pas se préoccuper uniquement de l'ouvrier agricole, en laissant de côté le travailleur des villes, et il ne s'agit pas de remettre en vigueur la théorie exclusive des Physiocrates. Mais que l'on veuille bien approfondir un peu la situation actuelle : en France, la population urbaine, qui constituait, en 1851, le quart seulement de la population totale, en formait le tiers en 1881.([2]) Est-il possible de fermer les yeux sur le danger d'un pareil état de choses? Or, s'il ne peut être question d'interdire au paysan l'émigration vers les villes, il est possible de modifier les conditions économiques qui déterminent ce mouvement. L'ouvrier agricole afflue dans les grands centres parce que, toutes proportions gardées, le salaire y est plus élevé ; donnez-lui des terres, avec les moyens nécessaires pour les cultiver, et il sera trop heureux de demeurer dans son village, au milieu des siens, assuré d'une honnête aisance

([1]) A. Russell Wallace, *Land nationalisation*, London, Trübner, 1882, 1 vol. in-8o, p. 240. — Adolph Samter, *Gesellschaftliches und Privat-Eigenthum*, Leipzig, Duncker, 1877, 1 vol. in-8o, p. p. 201. M. Wallace soutient que l'État ne loue les terres qu'aux individus qui feraient valoir eux-mêmes. C'est ce qu'il appelle le principe de l'*occupying ownership*.

([2]) Statisque du dénombrement de 1881, p. XXVII.

Et chacun y gagnera ! non seulement l'ouvrier en question, mais encore l'État qui verra ses terres mieux cultivées, mais surtout les travailleurs des villes dont le salaire montera nécessairement par suite de la diminution considérable de l'affluence des bras sur le marché.

La nationalisation du sol, je le répète, est une mesure qui s'impose et qui se réalisera dans un avenir beaucoup plus rapproché qu'on ne pense. En Angleterre, par suite de l'extension de la grande propriété, l'exécution sera très simple ; l'État n'aura qu'à se substituer aux richissimes landlords et les tenanciers lui paieront les rentes qu'ils versaient dans les mains des précédents propriétaires. Je n'oserais affirmer avec M. Henry George que l'on pourra supprimer dès lors toute espèce d'impôt ; mais la plus-value énorme, accumulée actuellement dans les mains de quelques individus n'ayant, en réalité, aucun droit, (1) sera retenue à la collectivité.

Chez nous, la transformation ne sera pas aussi facile. Les ingrats crieront aur « partageux », et les habiles tâcheront de persuader aux paysans propriétaires qu'on veut les dépouiller. Mais d'abord, le nombre de ces paysans est loin d'être aussi considérable qu'on se le figure : sur __ millions d'hectares de terres cultivées, en

_____

(1) Le fortune du marquis de Westminster, propriétaire _____ quartiers entiers de Londres, est évaluée à _____ francs, — soit 80 millions par an, 54 mille francs par jour.

17

France, les paysans n'en possèdent guère que 4 millions.[1] Ensuite, et de fait, ces petits propriétaires conserveront leurs quelques « boisselées » de terre, moyennant le paiement à l'État d'une redevance relativement insignifiante et pour un temps très long (baux emphytéotiques); — tandis que d'autre part des institutions de crédit patronnées et, au besoin, subventionnées par l'État, leur permettront de « s'agrandir », en même temps qu'elles donneront aux travailleurs complètement dénués de biens, les moyens d'acquérir des lots provenant de l'expropriation de l'aristocratie terrienne.

En attendant, encore une fois, que la lumière se soit faite à cet égard dans l'esprit d'un nombre suffisant de citoyens, il reste à notre disposition tout un ensemble de mesures immédiatement applicables et d'une efficacité réelle.

En première ligne il convient de citer celles qui ont pour but de ramener à la collectivité la plus grande part possible de la richesse sociale. L'État possède déjà des forêts, des routes, des prisons, des établissements d'instruction publique, les postes et télégraphes etc.; il faut que l'industrie des transports tout entière, — chemins de fer, canaux et le reste — soit remise entre ses mains. La Nation s'enrichira d'autant, quoi qu'en disent les grandes compagnies et les libéraux de toute

---

[1] La grande « faire valoir » direct exploite 12 millions d'hectares; les fermiers et métayers 25 millions. (Cf. Toubeau, *Le Prolétariat agricole en France* depuis 1789, Revue Positive juillet 1882).

nuances; de plus, les commerçants auront l'avantage de voir disparaître les tarifs énormes et arbitraires, et les voyageurs celui de n'être plus traités comme des marchandises de troisième ordre et d'un rapport insignifiant. Les mines et carrières devront aussi être restituées à la collectivité, à laquelle on n'aurait jamais dû les enlever.(1) Enfin, il est urgent de déprêter de suite le rachat de la propriété urbaine par les municipalités et l'État, qui affermerait les immeubles acquis. Il n'est pas jusqu'aux économistes qui ne soient d'accord sur ce point avec les socialistes. « Pourquoi donc, dit M. Fouillée, ne pas réserver à l'État et aux municipalités le produit de la plus-value, dans l'avenir comme dans le présent? Ce serait un des moyens les plus légitimes, d'abord pour empêcher en partie l'immobilisation de la propriété urbaine et la faire circuler en quelque sorte; puis, chose capitale, pour ménager à l'État des bénéfices destinés à diminuer d'autant les impôts et à permettre des œuvres philanthropiques. »(2) Ce serait surtout un acheminement rapide vers la nationalisation complète du sol.

---

(1) Les mines des Athéniens étaient la propriété de l'État qui les affermait moyennant un prix fixe, payé d'abord, et une redevance perpétuelle du 24e du produit. Le nombre des acquéreurs était considérable. On pouvait posséder une part ou même former une association pour une mine. (G. Boeck, Économie politique des Athéniens, trad. ... tom. II, p. 51-55.)

(2) *La Propriété sociale*, p. 45.

— 228 —

La suppression de l'*héritage* en ligne collaté-
rale et les restrictions apportées à l'héritage en
ligne directe faciliteront singulièrement aussi le
retour de la richesse nationale à la collectivité.
La Révolution accusée à tort par certains socialiste, avait sur ce point des idées très précises,
nettement formulées par un de ses précurseurs,
par un Encyclopédiste. « Entre les différentes institutions possibles sur l'héritage des citoyens après
leur décès, dit Raynal, il en est une qui trouverait
peut-être des approbateurs, *c'est que les biens
des morts rentrassent dans la masse des biens
publics*, pour être employés d'abord à soulager
l'indigence : puis, à rétablir perpétuellement une
égalité rapprochée entre les fortunes des particuliers »[1]

Le Socialisme scientifique ou matérialiste
qui est le vrai Socialisme révolutionnaire, ne va
même pas aussi loin. Il admet très bien, avec le
poète, que « l'héritage, c'est la main du père
tendue aux enfants à travers le tombeau, »
mais il ne veut pas que cette main soit chargée
des dépouilles d'autrui et sous le régime de la
production collective, il limite naturellement les
biens transmissibles aux objets *d'usage*, vêtements,
mobilier, habitation, livres etc.[2] Il ne supprime
pas plus l'héritage que la propriété ; au contraire,

(1) Histoire philosophique des établissements des Euro-
péens dans les Deux-Indes, Liv. XV.

(2) Voyez plus haut, p. 220. Et A. Schäffle, *La Quintessence du Socialisme* (trad. B. Malon) 1881, p. p. 93, 95
et 105.

il les généralise. Dès aujourd'hui, dans l'ordre économique actuel, et, pour ce qui concerne la ligne directe, il y a lieu de limiter la somme transmissible à chaque enfant à un maximum déterminé, qui dans tous les cas, ne devrait pas dépasser 50,000 francs. Outre le profit immédiat pour la collectivité, je ne connais pas de mesure plus propre à mettre fin au système d'intérêt mal entendu et de contrainte volontaire qui menace actuellement de dépeupler, c'est-à-dire dans un temps voulu, d'anéantir la Patrie française. Lorsque les pères de famille connaîtront les limites légitimes et légales imposées à l'héritage, ils hésiteront moins à accroître le nombre de leurs enfants.

Il ne s'agit pas ici, — qu'on l'entende bien ! — d'établir une République à la Spartiate, pour les austères et pour les « purs »; l'oligarchie du bonnet noir n'a jamais été mon idéal, et par mon éloge constant et motivé de la Démocratie Athénienne, j'ai assez prouvé combien je comprenais, avec Fourrier, la nécessité de laisser une latitude suffisante au libre jeu des nobles passions humaines. Ces réformateurs là se trompent, qui, s'inspirant inconsciemment du spiritualisme Nazaréen, érigent en dogme, avec l'abstinence, la laideur et la douleur universelle — et ces érudits font fausse route, qui modulant des variations sur le thème évangélique du *beati pauperes*, affirment que « l'avenir est aux médiocrités. ») « L'égalité que demande le Socialisme, dit très bien M. Gabriel Deville, n'entraine en aucun cas l'égalité d'allures, ni l'égalité au point d'arrivée. En assurant à tous les organismes humains part égale devant les possibilités d'éducation et d'exercice, loin de réaliser l'uniformité, le Socialisme fera germer et accentuera les inégalités naturelles, musculaires et cérébrales. Ce sont là des différences, que, quand même se serait possible, le Socialisme se garderait bien d'effacer, sachant que cette hétérogénéité est une des conditions essentielles du perfectionnement de l'espèce. » (²) Nous voulons, en effet, nous autres socialistes matérialistes, que tous prennent part, dans la mesure du possible, à toutes les joies de l'existence, tandis que le plus grand nombre, hélas! n'en a connu jusqu'ici que les détails et les déchirements ; nous voulons rayer du fronton des portes de la vie l'inscription Dantesque(¹) et rendre l'espérance à tous ceux qui les franchissent.

Or, un pareil but semblera-t-il rempli parce qu'il est loisible à une poignée de millionnaires de faire affluer dans leurs coffres les richesses de la collectivité? Nous entendons bien que l'égalité absolue est chimérique comme tout ce qui est absolu ; mais encore faut-il se rapprocher le plus possible de la limite et garantir une *égalité* de fait, sinon complète, au moins *suffisante* enfin, que l'égalité des droits ne devienne pas une mystification. On nous dit que l'épargne est nécessaire, que des financiers font croître et multiplier les capitaux etc., etc. De fait, tandis que des capitaux s'accumulent dans quelques mains, par le jeu de la libre concurrence, la misère toujours augmente et le bien public ne cesse de .... dont il faut laisser à l'initiative individuelle, à l'esprit d'entreprise une marge .... mais lorsque un homme a amassé .... cent mille francs de fortune et qu'il veut aller plus loin, ce n'est plus là le jeu de l'initiative individuelle, — bien est le dévergon-........ C'est un véritable service .... à lui-même autant qu'à la Société, ... en l'empêchant d'employer .... contre le vœu même de la Nature.(²)

(¹) Lasciate ogni speranza voi ch'entrate. (Inferno III. v. 9).

(²) Cf. Aristote. Polit. I. 9.

A ces mesures essentielles il faut joindre les suivantes qui sans être aussi décisives, auront cependant pour effet immédiat d'apporter quelque soulagement au sort de la classe la plus malheureuse.

L'Impôt progressif sur le capital et sur le revenu tient ici le premier rang. L'idéal consisterait à réaliser la formule énoncée dans le programme du Parti Ouvrier : « Abolition de tous les impôts indirects et transformation de tous les impôts directs en un impôt progressif sur les revenus dépassant 3.000 francs »(1) — à la condition d'ajouter, toutefois : « et sur les capitaux oisifs. »

Les impôts indirects constituent la grande iniquité fiscale du temps présent. En vain allègue-t-on l'autorité de Montesquieu, prétendant que « l'impôt par tête est plus naturel à la servitude; l'impôt sur les marchandises est plus naturel à la liberté, parce qu'il se rapporte d'une manière moins directe à la personne. »(2) Cette manière de voir, parfaitement justifiée dans les gouvernements despotiques, n'a plus de raison d'être sous le régime du suffrage universel; le citoyen qui jouit de la faculté d'affirmer son droit par son vote, n'a pas à se préoccuper, sous ce rapport, du rôle qu'on peut lui faire jouer dans la répartition des taxes. « Démontrât-on comme on

---

(1) *Le Programme du parti ouvrier*, par J. Guesde et Paul Lafargue, Paris, 1883.

(2) *Esprit des Lois*, XIII. 14.

l'a fait, que dans une société de luxe de comme la
nôtre, la part du riche dans le produit des contributions indirectes, est de fait, et proportion-
nellement plus considérable que celle du pauvre;
qu'un homme ayant 80,000 francs de rente et
vivant selon sa condition, versera, de ce chef,
17 et au moins 13 pour cent de son revenu,
tandis qu'un ménage d'ouvriers, gagnant 3.600
francs ne versera que 10 pour 100, même après
cette preuve faite, le sentiment public proteste-
rait toujours que les contributions indirectes
frappent plus les pauvres que les riches — et le
sentiment public aurait raison. »(1)

De fait, et pour peu qu'on y regarde, l'iniquité
crève les yeux. En quoi l'impôt sur les boissons,
sur le sucre, le café etc. gêne-t-il le riche? Est-
ce que le mortel fortuné qui donne huit ou neuf
cent francs pour une pièce de vin de Bourgogne,
s'inquiète des 40 francs de droits réclamés?
Mais l'homme qui vit au jour le jour trouverait
un grand soulagement à payer dix sous le litre
de « petit bleu » que, grâce à la régie, on lui
vend quatorze ou seize.

Dans un autre ordre d'idées, n'est-ce pas une
monstruosité que le taux actuel, proportionnel
et non progressif, des droits de mutations? Il en
coûte 800 francs pour la vente d'un bien qui en
vaut 10.000, et, lorsqu'il s'agit de petites succes-
sions, les droits peuvent aller, dans le cas de

(1) J. Chailley. *L'Impôt sur le Revenu*. Paris, 1884. 1 vol.
in-8o. p. 33.

procédure judiciaire, jusqu'à les absorber complètement.([1]) Et voilà de la justice! Et quand on se hasarde à réclamer, Messieurs les Economistes crient à la subversion de l'ordre social, au « partageux » et au voleur!

Il est temps de mettre un terme à de pareils abus et de transformer ces lois étonnantes qui, sous prétexte d'égalité, tendent perpétuellement à dépouiller le pauvre au profit du riche. Que si nos modernes législateurs se trouvent embarrassés, au sujet des moyens à prendre pour établir l'impôt progressif proposé sur le capital et sur le revenu, je les renverrai, à titre de renseignements, à la Loi sur l'emprunt forcé du 3 septembre 1793, et spécialement à l'article ci-contre :

« Art. III. La déclaration des revenus provenant des rentes perpétuelles sur l'Etat ou sur des particuliers, des capitaux placés à intérêt ou mis en valeur dans le négoce, de bénéfices commerciaux de banque, courtage, commissions, entreprises et fournitures, en portefeuille ou chez un dépositaire, sera faite en entier et dans déduction de la contribution mobilière; *les fonds oisifs seront estimés produire 5 pour 100 d'intérêt*; seront réputés fonds oisifs, les fonds qui excéderont la moitié du revenu d'une année. »

([1]) « J'ai dans les mains deux notes de frais de l'année 1852, dit M. Chaulley (*loc. cit.* p. 20): l'une pour une vente d'immeubles d'un peu plus de 800 francs se monte à 384 fr. 34; l'autre, où la procédure avait été agrémentée d'une vente et d'une conversion de saisie, se monte, pour une somme de 426 francs, à 542 francs. »

Sur ce point encore, on le voit, la Révolution
a tracé aux Socialistes la marche à suivre.(¹)

Tandis que la suppression des contributions
indirectes allègera d'autant les charges qui pèsent
sur les travailleurs, *les Assurances ouvrières obligatoires* leur garantiront la subsistance en cas de
chômage ou de maladie et le repos dans la vieillesse. C'est-là un des palliatifs les plus heureusement imaginés pour adoucir dans une certaine
mesure, les maux occasionnés par le système
d'individualisme aujourd'hui régnant et il vaut
la peine de citer ici les principales conclusions
de l'auteur qui a traité cette question de la façon
la plus complète.

« La première et la principale condition pour

---

(1) Voy. le supplément à la *Gazette nationale* du 30 Septembre 1793.

Même à titre d'impôt complémentaire, en attendant mieux,
l'impôt sur le revenu peut rendre de grands services. A
cet égard, je regrette de le rappeler, la République française
retarde sur les monarchies. « Cet impôt fonctionne en Angleterre, en Italie, en Prusse, en Autriche, en Suède, en
Portugal, dans le duché de Luxembourg, à Amsterdam, à
Berne, à Zurich, à Neufchâtel, aux Etats-Unis. Et partout
on le perfectionne » (voyez *Annuaire de législation étrangère*, année 1878, Neufchâtel, impôt direct sur les fortunes, sur les ressources et sur les revenus, loi du 3 octobre
exécutoire depuis le 1ᵉʳ janvier 1879; — 1881, Hambourg,
loi du 7 mai 1881, impôt progressif sur le revenu; — Ba-
vière, loi du 18 mai 1881, impôt sur le revenu et sur les
bénéfices industriels; — 1877, Italie, loi du 13 juin, impôt
sur le revenu de la richesse mobilière; — 1879, canton des
grisons, loi du 11 juin, impôt sur le capital et le revenu. »
(Chailley, *loc. cit.* p. 80, note) Quant au système de la
progression, il compte parmi ses partisans, non seulement
les Socialistes, mais encore Montesquieu, A. Smith, J.-B.
Say, Rœderer etc.

établir un système d'assurances ouvrières en rapport avec l'ordre économique actuel, dit M. Brentano, la condition *sine qua non*, c'est d'instituer d'abord une assurance contre le chômage. Car, l'ordre économique actuel ne garantissant en aucune façon le revenu et la subsistance (droit au travail), l'assurance contre le chômage permet seule à l'ouvrier sans travail de se maintenir et de payer les cotisations nécessaires pour qu'il puisse compter sur sa subsistance en cas de maladie et dans la vieillesse, et, en cas de mort, sur une rente destinée à élever ses enfants.

« Une seconde condition indispensable, c'est que ces caisses d'assurance soient non-seulement locales, mais encore nationales, qu'elles s'étendent à l'Etat tout entier. Et cela pour deux raisons : d'abord, parce que les caisses organisées en vue d'un seul métier ne peuvent pas être établies sur des bases assez larges pour assurer leur prospérité; car plus le nombre des associés est considérable, plus il y a de sécurité; moins il est grand, et moins il y a de chance pour la solvabilité de la caisse. Ensuite, parce que l'ouvrier sera mis à même de chercher pour sa marchandise « travail », le marché le plus avantageux à un moment donné et de tirer tout le parti possible de ses facultés pour la production.

« Enfin, comme troisième point, il faut que les cotisations soient en rapport avec les risques courus par chaque associé, afin que la caisse

puisse subvenir aux dépenses. D'où la nécessité :
1° d'exiger des cotisations d'autant plus fortes
que l'individu assuré est plus avancé en âge ;
2° d'avoir pour les différents métiers des caisses
différentes, ou, dans le cas de caisses communes,
d'exiger des primes différentes en rapport avec
le danger que les diverses professions font courir
aux gens assurés ».(¹)

Telles sont les principales conditions à remplir
pour l'institution de ces caisses d'assurance, qui
garantiront à l'ouvrier des secours sérieux dans
le cas de chômage, d'accident, ou de maladie,
une retraite pour sa vieillesse et en cas de
mort, une rente suffisante pour l'éducation de
ses enfants et, d'une façon générale, pour l'entretien de sa famille. C'est ainsi que dans l'ordre
économique actuel, et en attendant mieux, on
pourra assurer au travailleur les avantages de
l'épargne ; les survivants bénéficieront, dans une
certaine mesure, et de leur propre travail et de
celui de leurs compagnons morts avant eux, —
mais morts du moins avec cette satisfaction suprême de savoir que le fruit de leurs labeurs ne
sera perdu ni pour leur famille, ni pour la classe
entière des ouvriers leurs frères.(²)

Comme complément nécessaire de l'ensemble
des mesures précédemment énoncées, l'Etat

(1) L. Brentano, *Die arbeiterversicherung*, etc. Leipzig :
1879, p.p. 200-201.

(2) Dans la séance du 29 mai 1883, le Reichstag a voté
par 216 voix contre 99 la loi sur l'assurance obligatoire
contre la maladie.

devra fixer un chiffre *minimum* des *salaires*, en prenant pour base le prix local des denrées, et réduire à 8 heures (9 heures au *maximum*, et comme transition) la durée des journées de travail. Lorsque le gouvernement de la République aura rétabli le calendrier révolutionnaire supprimé par Bonaparte, les ateliers fermeront non seulement les décadis, jours de fête et de repos complet, mais encore les quintidis, durant lesquels l'ouvrier pourra travailler pour lui-même, compléter son instruction et s'occuper de celle des personnes de son entourage immédiat.(1) Ainsi se trouvera réalisé pour le travailleur, ce loisir non moins indispensable au développement et au libre jeu des facultés intellectuelles de chacun qu'à l'évolution de l'Humanité tout entière.

J'ai laissé de côté, à dessein, dans cette étude rapide, la coopération, l'association et la participation des ouvriers aux bénéfices — toutes panacées vantées plus que de raison, déjà jugées, en partie, par l'expérience, et dont le principe s'identifie toujours, en définitive, avec celui de la libre concurrence et de la lutte à outrance

---

(1) Il se peut que les Économistes et les financiers pour accuser les ouvriers de fainéantise ; au dire de ces Messieurs, les travailleurs n'en font jamais assez pour lutter contre la concurrence étrangère, etc. Je me contenterai de remarquer qu'en Angleterre où l'ouvrier ne travaille que 54 heures par semaine, ayant à sa disposition non seulement le dimanche, mais encore le samedi à partir d'une heure — ce qui fait six jours de congé par mois — l'industrie soutient avec assez d'avantages, à ce qu'il semble, l'effort de la concurrence étrangère.

désordonnée des intérêts (1). D'ailleurs, ce n'est pas ici un traité d'Économie sociale; ce n'est pas non plus, malheureusement, un traité complet de Politique scientifique. Limité par des circonstances indépendantes de ma volonté, j'ai dû me borner à tracer les grandes lignes, à poser les principes et à en déduire les applications pour les points les plus intéressants et les plus controversés.

C'est ainsi que j'ai passé sous silence l'armée et l'administration; j'en dirai seulement deux mots, en attendant que le progrès, ou plus exactement que la diffusion des lumières, ait amené le triomphe du cosmopolitisme — ce qui, malheureusement, ne semble pas près d'être réalisé, (¹) — il faut une armée pour garantir l'intégrité et la grandeur de la Patrie. Mais cette armée doit être entièrement civique, identifiée avec la nation ; comme aux beaux temps de la République Romaine, il faut que tout citoyen soit soldat, et mieux encore, que le citoyen et le soldat ne fassent qu'un.

Quant à l'administration, sans gêner le libre jeu des assemblées communales, elle doit s'efforcer de faire prédominer toujours l'intérêt public sur les passions locales. Par exemple, du moment où la collectivité aura prononcé la suppression du budget des cultes, il est inadmissible qu'une commune puisse s'arroger le droit de subventionner un curé. Ce serait peut être le

---

(1) Si même la réalisation a jamais lieu en dehors de la prédominance d'une race en qui s'incarnent, comme en 93, l'idée et la force révolutionnaires. Nul plus que moi ne regrette à cet égard l'amoindrissement de la Patrie Française ; mais c'est folie que de vouloir aller chercher des compensations en dehors du continent Européen et de son annexe, la côte méditerranéenne de l'Afrique. Je voudrais que la République française couvrît le monde de ses prosélytes et de ses colons, au lieu et place de cet Empire Britanique dont j'ai montré ailleurs, la grandeur et la puissance incomparables, niées seulement par les esprits superficiels ou par les ignorants ; mais par malheur, c'est un désir purement platonique, sans réalisation possible, au moins dans les circonstances présentes. Comme l'a très bien dit M. Clémenceau à la tribune de la Chambre : « Il ne s'agit pas de savoir si, théoriquement, une nation peut et doit avoir des colonies, mais si la France de 1885 peut et doit avoir certaines colonies ». (Séance du 30 juillet 1885). C'est l'évidence même et les raisons abondent dans le sens de la négative. Peuplez donc la France, avant d'aller peupler la Cochinchine !

régime de la Liberté; ce ne serait pas, à coup
sûr, celui de la Justice et de la Vérité.

Cette question n'a rien de commun d'ailleurs,
si ce n'est en apparence, avec celle des « Droits
de Paris ». Ces droits sont imprescriptibles, et
s'il est une Commune à laquelle des Républicains
ne devraient jamais les contester, c'est bien à la
ville maîtresse, — *Urbi*, — qui a fait les révolutions du 14 juillet, du 10 août et du 31 mai
sans compter celles du présent siècle.

Quel qu'il en soit de ces digressions trop
rapides, la solution graduelle de la question
sociale indiquée ici, en y comprenant la transformation radicale du système de production au nom
de l'intérêt privé en un système de production au
nom de l'intérêt public, — cette solution, dis-je,
découle naturellement des prémisses posées dans
les pages précédentes, au double point de vue
de la Philosophie et de la Politique. Je n'ai
jamais compris, pour ma part, comment des
hommes pénétrés de ces idées pouvaient répondre
aux réclamations des ouvriers en temps de crise :
« Nous n'y pouvons rien ! c'est à la libre concurrence, à l'initiative individuelle à fournir le
remède. » Qu'un individualiste, qu'un économiste
s'exprime ainsi, rien de plus naturel. Mais
qu'un homme politique croyant à la nécessité
du gouvernement et à la réalité de l'État, vienne
tenir un pareil langage, ce ne peut être que par
l'effet de l'ignorance la plus inexcusable ou de
l'aberration mentale la plus complète.

D'autre part, ces socialistes-là font fausse route qui, se désintéressant des questions politiques, croient à la transformation possible de la Société par le simple jeu des forces économiques. Depuis combien de siècles ne voyez-vous pas la masse du peuple supporter l'esclavage parce qu'elle n'est pas éveillée à la vie intellectuelle? Ce qui a fait jusqu'à ces derniers temps la faiblesse du Socialisme, en prenant le mot dans son sens général, c'est qu'il a manqué de doctrine.

C'est grâce à l'effort des Libres penseurs radicaux et athées, des nouveaux Hébertistes, que ses adeptes jusque-là réfractaires, ont enfin compris que la question économique ne serait jamais résolue en dehors de la question intellectuelle. La Philosophie matérialiste a remis dans sa véritable voie, dans la voie scientifique, la question sociale égarée auparavant dans les mains des spiritualistes, des chrétiens et des mystiques.(1) Une des dernières traces de ces détestables influences, se retrouve dans le dédain si malheureusement manifesté par certains socialistes envers la Révolution qui nous a tous sauvés — ou qui nous sauvera tous — et que quelques-uns ont le tort de qualifier de « bourgeoise ». Il a semblé qu'après 89, toutes les grandes questions d'intérêt général, d'émancipation et de bien-être fussent dû être résolues. Je n'hésite pas à proclamer qu'elles ont presque

(1) J'ai retracé l'histoire de ce mouvement dans la préface de ma traduction de *Force et Matière*, loc. cit. p. XXXI sq.

toutes été posées; elles sont contenues en puissance, dans le dogme révolutionnaire même, et
seuls, l'interruption violente et persistante du
mouvement, le triomphe du régime d'Individualisme et de Capitalisme, encouragés par 70 années
de gouvernement monarchique, ont mis obstacle
à ce plein épanouissement.

Oui! La fête de la Raison n'a été qu'un éclair,
mais un éclair qui a illuminé les profondeurs
de l'avenir. C'est seulement au nom de la Foi
Révolutionnaire, c'est par l'application des principes de la Philosophie matérialiste et de la
Politique scientifique, que les hommes de bonne
volonté, désormais en possession d'une doctrine,
pourront réaliser le bonheur commun dans la
République Une et Indivisible, Démocratique et
Sociale.

FIN

Index

le grand homme qu'il trahit. Chez Charpentier, vol. à 1 fr. 75

D'Holbach, *Système Social,* ou Principes naturels de la Morale et de la Politique. — Il est déplorable qu'aucun éditeur n'ait encore voulu réimprimer cet ouvrage, publié pour la première fois en 1773. L'édition de 1822 se trouve pour 3 ou 4 francs.

Beccaria, *des Délits et des Peines.* — Edition Guillaumin. à 2 fr. 50 le vol.

Condorcet, *Esquisse d'un tableau des Progrès de l'Esprit humain.* — 2 vol. de la bibliothèque nationale, à 25 cent.

Buckle, *Histoire de la Civilisation en Angleterre.* — 5 vol. pour 14 francs, chez Marpon et Flammarion.

Tridon, *Les Hébertistes.* — Une brochure à 3 fr. 50 chez les mêmes.

Karl Marx, *Le Capital.* — A défaut de l'édition complète, actuellement épuisée, l'excellent résumé de G. Deville ; 1 vol. à 5 fr. 50, chez Oriol.

Stuart Mill, *L'Utilitarisme.* — 1 vol. à 2 fr. chez Alcan.

Pierre Lafitte, *La Révolution française.* — Une brochure à 0,50 cent. chez E. Leroux.

Schaeffle, *La Quintessence du Socialisme.* — Une brochure à 1 fr., chez Derveaux. Pour ceux qui savent l'allemand, lire de toute nécessité *Kapitalismus und Socialismus,* tome troisième du "Bau und Leben des socialen Körpers" du même auteur. Se vend séparément, pour 15 fr., chez Haar et Steinert, rue Jacob à Paris.

Pour aborder ces études avec fruit, il faut s'être mis au courant des principes de la Philosophie matérialiste et de cette branche de la Politique scientifique qui traite des origines de la Civilisation. On se contentera de signaler ici : *Force et Matière,* de Büchner (6e édition française, très augmentée), *La Descendance de l'Homme* de Darwin, *l'Athéisme* par A. Regnard, *la Sociologie d'après l'Ethnologie* par Letourneau, *l'Histoire des Institutions primitives* par Sir H. S. Maine.

Appendice

Sans vouloir reproduire la liste de tous les ouvrages cités dans les pages précédentes, je crois devoir signaler aux travailleurs les livres les plus utiles à consulter pour l'étude des questions se rapportant à la Politique proprement dite, à l'organisation de l'Etat. Je prépare, comme je l'ai indiqué plus haut, un *Calendrier de l'Ere Révolutionnaire*, avec les noms des hommes qui ont le mieux servi et honoré l'Humanité ; cette publication comprendra en outre, sous le titre de **Bibliothèque Matérialiste et Socialiste**, une énumération des ouvrages les plus utiles à posséder. Voici, dès maintenant, la liste par ordre chronologique des livres essentiels, pour ce qui regarde la *Politique* proprement dite, dans la section de la *Politique Scientifique* : les quatre premiers sont de beaucoup les plus importants, à tous égards.

Aristote, *La Politique*. — La traduction de Thurot, édition Garnier à 1 fr. 50.

Machiavel, *Discours sur la première décade de Tite-Live*. — Dans les œuvres politiques, publiées chez Charpentier, à 1 fr. 75.

Hobbes, *Leviathan*. — A défaut de cet ouvrage qui malheureusement n'est pas traduit en français, on peut se procurer sous le titre de *OEuvres philosophiques de Thomas Hobbes*, Neufchâtel 1787, plusieurs fragments importants, traduits par Sorbière (*La Liberté*, l'*Empire*, la *Religion*) et par d'Holbach (*Le Corps politique*, la *Nature humaine*). Se trouve d'occasion ; de 5 à 7 francs.

Spinoza, *Le traité politique*, le *traité théologico-politique* et l'*Ethique*. — A lire dans le texte, quand on le peut, ainsi que les précédents auteurs. Autrement, la traduction Saisset, dans les tomes II et III. Se dispenser d'acheter, et surtout, de lire le premier volume, qui ne renferme qu'une détestable dissertation du traducteur contre

Errata

Page.	Ligne.	au lieu de	lisez
8	8	un sorte	une sorte
9	4	toute	tout
12	16	phylosophique	philosophique
18	13	Darvinienne	Darwinienne
29	8	Sthal	Stahl
27	19	sourcillières	sourcilières
45		jusqu'au	jusqu'aux
64	32	spiritus	spiritù
69	3	absolue	absolue
46	3	1832	1892
72	22	vinrent	vinrent
73	8	ecclésiastique	ecclésiastiques
78	12	interèt	intérêts
79	11	accolytes	acolytes
103	26	d'exposes	d'exposer
118	20	Pluton	Pluton
122	31	prétents	prétends
138	12	mourrir	mourir
172	19	ignodauds	ignorants
178	15	quand	quant
179		quoiqu'il	quoi qu'il
191	24	veut	peut
198	19	leurs	leur
198	28	auxquels	auxquelles
204	8	quand	quant
230		toute	toute
227	30	Boeck	Boeckh

A la page 192, passer de la ligne 31 à la ligne 1 de la page suivante.